AF269832

JLPT

Japanese Language Proficiency Test

日本語能力試験 N3
直前対策
ドリル＆模試
文字・語彙・文法

森本智子・高橋尚子・黒岩しづ可◉共著

Ｊリサーチ出版

はじめに

Foreword ／ Lời nói đầu

　日本語能力試験は、日本語を学習する多くの方々にとって、とても大切な試験になっています。それぞれの学習段階において、具体的な到達目標として試験の合格を目指していることと思います。そして、試験日が近づくにつれ、気持ちは高まり集中力が増していきますが、同時に、不安な気持ちも感じてくるのではないでしょうか。

　そこで、試験前のラストスパートや、短期間で一気に実戦力を伸ばしたいときに、ぜひ、この問題集を活用してみてください。負担を感じることなく、どんどん問題を解き、実戦力を身につけていくことができます。「文字・語彙」と「文法」に分け、それぞれ 15 回のドリルと 3 回の模試、さらに、テーマ別にポイント整理ができるページも用意しています。どうぞ、分野別の強化プラン、また、試験までの対策スケジュールに合わせて、効果的にお使いください。

　本書を使った学習を通して、皆さんが日本語能力試験は N3 に合格すること、また、本書が皆さんの日本語力の向上に役立つことを心より願っています。

著者一同

The Japanese Language Proficiency Test is becoming a very important exam for many Japanese learners. It allows students at all different levels to have a concrete goal in mind, which is to work to pass the test. You may feel more excited and concentrated as the test day nears, but you may also start to feel anxious.

That is why we invite you to use this workbook as your final sprint toward your goal, or to quickly improve your test-taking skills in a short period of time. You should be able to improve without feeling drained by working through the problems and solving them. The workbook is split into Character / Vocabulary and Grammar sections, each with fifteen drill sections and three practice tests. Pages that allow you to mentally organize important points by theme are also included. Please use these according to your own plans based on the subjects you need to bolster and your study schedule until the test.

We sincerely hope that the things you learn from this book will help you pass the N3 level of the Japanese Language Proficiency Test, and that it will help improve your Japanese language skills.

The Authors

Kì thi năng lực tiếng Nhật là kì thi khá qua trọng với nhiều người học tiếng Nhật. Ở mỗi giai đoạn học tập người học lại có mục tiêu cụ thể để dành kết quả như mong muốn tại kì thi này. Và càng gần đến ngày thi, tâm trạng của người học trở nên hồi hộp hơn, khả năng tập trung lên cao nhưng đồng thời chắc cũng không khỏi cảm thấy lo lắng, hồi hộp.

Chính vì vậy, chúng tôi muốn các bạn hãy sử dụng cuốn ôn luyện này khi chỉ còn giai đoạn cuối ôn tập cho kì thi hay khi muốn nâng cao khả năng làm bài nhanh trong thời gian ngắn. Với cuốn sách này, bạn sẽ không cảm thấy áp lực, có thể giải được nhiều bài và trau dồi khả năng làm bài thi thực tế. Chúng tôi chia thành phần "từ vựng" và "ngữ pháp", mỗi phần có 15 bài luyện tập và 3 bài thi, ngoài ra còn có phần giúp bạn hệ thống lại các điểm cần chú ý theo chủ đề. Rất mong các bạn sẽ sử dụng hiệu quả lịch trình học tăng cường theo lĩnh vực hay kết hợp với kế hoạch học tập trước kì thi của bản thân.

Chúng tôi hy vọng rằng bằng cuốn sách này, các bạn sẽ có thể đỗ kì thi năng lực tiếng Nhật N3, hay giúp ích nâng cao khả năng tiếng Nhật của các bạn.

Nhóm tác giả

目次
もく　じ
Table of Contents ／ **Mục lục**

この本の使い方

How to Use This Book ／ Cách sử dụng sách

この本では、15日の学習で終えられるようになっていますが、それより短くても、長くてもかまいません。試験までのスケジュールに合わせて自由にお使いください。以下は、15日で学習する場合の基本的なプランです。

While this book is designed so that it can be completed through 15 days of learning, it is fine to take shorter or longer to finish it. Please use it in line with your schedule leading up to the test. The following is the basic 15-day study plan.

Cuốn sách này được biên tập để học gói gọn trong 15 ngày nhưng bạn có thể học nhanh hơn hoặc chậm hơn đều được. Hãy sử dụng sách một cách thoải mái sao cho phù hợp với kế hoạch của bản cho tới ngày thi. Dưới đây là lịch trình cơ bản cho chương trình học trong 15 ngày

	文字・語彙（もじ・ごい）	文法（ぶんぽう）
Day 1	実戦ドリル 第1回	実戦ドリル 第1回
Day 2	実戦ドリル 第2回	実戦ドリル 第2回
Day 3	実戦ドリル 第3回	実戦ドリル 第3回
Day 4	実戦ドリル 第4回	実戦ドリル 第4回
Day 5	実戦ドリル 第5回	実戦ドリル 第5回
Day 6	実戦ドリル 第6回	実戦ドリル 第6回
Day 7	実戦ドリル 第7回	実戦ドリル 第7回
Day 8	実戦ドリル 第8回	実戦ドリル 第8回
Day 9	実戦ドリル 第9回	実戦ドリル 第9回
Day 10	実戦ドリル 第10回	実戦ドリル 第10回
Day 11	実戦ドリル 第11回	実戦ドリル 第11回
Day 12	実戦ドリル 第12回	実戦ドリル 第12回
Day 13	実戦ドリル 第13回	実戦ドリル 第13回
Day 14	実戦ドリル 第14回	実戦ドリル 第14回
Day 15	実戦ドリル 第15回	実戦ドリル 第15回
Day 15	模擬試験 第1回 / 模擬試験 第2回 / 模擬試験 第3回	模擬試験 第1回 / 模擬試験 第2回 / 模擬試験 第3回
Day 1〜15	テーマ別 ミニ特訓講座（13回）	テーマ別 ミニ特訓講座（10回）

← **《実戦ドリル》**

実際の試験と同じ形式、半分くらいの量の問題で練習します。

「文字・語彙」「文法」のそれぞれについて、1日1回のドリルをするパターンです。答え合わせを含めて、最少20分程度です。

※もちろん、これより多くやったり、先にどちらかを集中的にやってもかまいません。

You will practice using questions that are in the same format as the actual test. About half the actual number of questions will be asked.

This is a pattern where you will have one drill each per day for Characters / Vocabulary and Grammar. These should take at least 20 minutes, including checking your answers.

※Of course, it is fine if you do more than this, or if you decide to focus on one of the two types of drills first.

Luyện tập bằng bài luyện có hình thức giống với kì thi thực tế và độ dài bằng 1/2.

"Từ vựng", "ngữ pháp" có bài luyện tập một lần một ngày. Chỉ mất khoảng 20 phút tính cả thời gian so đáp án.

※Tất nhiên, bạn có thể làm nhiều hơn hoặc làm tập trung phần nào trước cũng được.

← **《模擬試験》**

最後に3回でもいいですし、ドリルの前や途中で1回やってもいいでしょう。

It is fine to do it three times at the end, or once before and during drills, for example.

Bạn có thể làm cuối cùng 3 lần, hoặc làm 1 lần trước hoặc giữa bài luyện tập.

← **《テーマ別ミニ特訓講座》**

好きなときに、どれからやってもかまいません。ポイント整理、弱点補強に役立ててください。

You may do these whenever you like, and you can start with whichever you want. Please use these to help mentally organize important points and to help address your weaknesses.

Bạn có thể làm từ bất cứ đâu vào lúc mình thích. Hãy dùng cuốn sách để sắp xếp lại những mục cần chú ý hay hỗ trợ điểm yếu của bản thân.

Part1

実戦ドリル

文字・語彙

Practical Drill – Vovaburary
Bài tập thực tế – Từ vựng

第1回～第15回

テーマ別ミニ特訓講座

Mini-Courses Based on Themes
Khóa học mini theo chủ đề

1. 自動詞・他動詞
2. 複合動詞①
3. 複合動詞②
4. する動詞
5. いろいろな意味のある動詞
6. い形容詞
7. な形容詞
8. 対義語①
9. 対義語②
10. 副詞
11. 擬音語・擬態語
12. カタカナ語①
13. カタカナ語②

第1回
だい　　かい

10分　　　/18

　　＿＿のことばの読み方として最もよいものを、1・2・3・4から一つえらびなさい。
よ　かた　　もっと　　　　　　　　　　　　　　　　ひと

❶ 山の一番上までのぼると、下に雲が見えた。
やま　いちばんうえ　　　　　した　　み

　　1　ゆき　　　　　　2　かぜ　　　　　　3　くも　　　　　　4　あめ

❷ 若い時、よくこの歌を聞いていた。
わか　とき　　　　　　うた　き

　　1　つらい　　　　　2　こわい　　　　　3　つまらない　　　4　わかい

❸ 持っている DVD を数えたら、120 枚もあった。
も　　　　　　　　　　かぞ　　　　　　　　まい

　　1　かずえた　　　　2　かぞえた　　　　3　かすえた　　　　4　かそえた

❹ この辺りには、コンビニが一軒もない。
へん　　　　　　　　　　　　いっけん

　　1　へんり　　　　　2　あたり　　　　　3　まわり　　　　　4　かわり

❺ 困ったことがあれば、何でも相談してください。
こま　　　　　　　　　　なん　　そうだん

　　1　そうだん　　　　2　あいだん　　　　3　そうたん　　　　4　あいたん

　　＿＿のことばを漢字で書くとき、最もよいものを、1・2・3・4から一つえらびなさい。
かんじ　か　　　もっと　　　　　　　　　　　　　　　　　ひと

❶ 昨日は夜中の 3 時まで起きていたので、とてもねむい。
きのう　よなか　　じ　お

　　1　辛い　　　　　　2　疲い　　　　　　3　寝い　　　　　　4　眠い

❷ 家に帰ると、親から荷物がとどいていた。
いえ　かえ　　　おや　　にもつ

　　1　授いて　　　　　2　届いて　　　　　3　受いて　　　　　4　着いて

❸ 何か月も悩んだが、けっきょく、会社を辞めることにした。
なん　げつ　なや　　　　　　　　　　　かいしゃ　や

　　1　結構　　　　　　2　結果　　　　　　3　結局　　　　　　4　結論

❹ 私の家では、しぜんにやさしい洗剤を使っている。
わたし　いえ　　　　　　　　　　　　せんざい　つか

　　1　自然　　　　　　2　地然　　　　　　3　自燃　　　　　　4　地燃

問題3（もんだい3） （　　）に入れるのに、最もよいものを、1・2・3・4から一つえらびなさい。

❶ この車は電気で走るので、（　　　　）がいらない。

1　資料（しりょう）　　　2　原料（げんりょう）　　　3　燃料（ねんりょう）　　　4　材料（ざいりょう）

❷ 毎年（まいとし）、海外旅行（かいがいりょこう）に行（い）けるような生活（せいかつ）をしている人（ひと）が（　　　　）。

1　うらやましい　　　2　あやしい　　　3　なつかしい　　　4　きびしい

❸ 外（そと）に出（で）るときは、必（かなら）ず部屋（へや）のかぎを（　　　　）ほうがいい。

1　つけた　　　2　取（と）った　　　3　入（い）れた　　　4　かけた

❹ このカフェには客用（きゃくよう）の（　　　　）がないので、携帯電話（けいたいでんわ）の充電（じゅうでん）ができない。

1　アンテナ　　　2　コンセント　　　3　ボタン　　　4　スイッチ

❺ 料金（りょうきん）は少（すこ）し高（たか）いが、（　　　　）した時間（じかん）に配達（はいたつ）してくれるサービスもある。

1　指定（してい）　　　2　指導（しどう）　　　3　案内（あんない）　　　4　提案（ていあん）

問題4（もんだい4） ＿＿＿に意味（いみ）が最（もっと）も近（ちか）いものを、1・2・3・4から一（ひと）つえらびなさい。

❶ 1年間（ねんかん）、外国（がいこく）で暮（く）らしていたことがある。

1　働（はたら）いて　　　2　旅行（りょこう）して　　　3　住（す）んで　　　4　勤（つと）めて

❷ この地域（ちいき）では、3月（がつ）になると激（はげ）しい風（かぜ）が吹（ふ）く。

1　とても暖（あたた）かい　　　2　とても強（つよ）い　　　3　とても軽（かる）い　　　4　とてもやさしい

問題5（もんだい5） つぎのことばの使（つか）い方（かた）として最（もっと）もよいものを、1・2・3・4から一（ひと）つえらびなさい。

❶ 似合（にあ）う

1　弟（おとうと）は、言（い）うことがだんだん父（ちち）に似合（にあ）ってきた。
2　駅前（えきまえ）で、久（ひさ）しぶりに大学（だいがく）のときの友人（ゆうじん）に似合（にあ）った。
3　この靴（くつ）はサイズが少（すこ）し大（おお）きくて、私（わたし）の足（あし）には似合（にあ）わない。
4　髪（かみ）を切（き）ったんですか。よく似合（にあ）っていますね。

❷ 勝手（かって）

1　あのパソコンは、勝手（かって）に使（つか）ってはいけません。使（つか）うときは許可（きょか）を得（え）てください。
2　今回（こんかい）の大会（たいかい）で勝手（かって）だった選手（せんしゅ）は、次（つぎ）のオリンピックに出（で）られるかもしれない。
3　こちらがこの店（みせ）で一番勝手（いちばんかって）な商品（しょうひん）です。
4　夫（おっと）は料理（りょうり）が勝手（かって）で、週末（しゅうまつ）はいつもご飯（はん）を作（つく）ってくれる。

第2回

10分　/18

問題1　＿＿のことばの読み方として最もよいものを、1・2・3・4から一つえらびなさい。

❶ 昨日しっかり勉強したので、今日のテストでは全部の問題を解くことができた。

　　1　なく　　　　　　2　とく　　　　　　3　まく　　　　　　4　ふく

❷ 彼の祖父は、有名な政治家だ。

　　1　せいじ　　　　　2　せいし　　　　　3　せいぢ　　　　　4　せいち

❸ 今日作った料理は、ちょっと味が薄かった。

　　1　くさかった　　　2　きびしかった　　3　にがかった　　　4　うすかった

❹ あの人とは一度会ったことがあるが、名前を覚えていない。

　　1　つたえて　　　　2　かぞえて　　　　3　おぼえて　　　　4　あたえて

❺ そこにある花の形のお皿を取ってください。

　　1　ぎょう　　　　　2　けい　　　　　　3　かた　　　　　　4　かたち

問題2　＿＿のことばを漢字で書くとき、最もよいものを、1・2・3・4から一つえらびなさい。

❶ ワンさんとは10年前からしたしくしている。

　　1　新しく　　　　　2　親しく　　　　　3　近しく　　　　　4　知しく

❷ 飛行機の切符をおうふくで買うと、少し割引がある。

　　1　住複　　　　　　2　住復　　　　　　3　往複　　　　　　4　往復

❸ 明日のパーティーに、私の友達もつれて行っていいですか。

　　1　連れて　　　　　2　達れて　　　　　3　送れて　　　　　4　返れて

❹ 安全のため、マンションのつうろには物を置かないようにしてください。

　　1　道路　　　　　　2　通路　　　　　　3　歩路　　　　　　4　走路

問題3　（　　）に入れるのに、最もよいものを、1・2・3・4から一つえらびなさい。

❶ 兄はいつも、職場の（　　　）ばかり言っている。

1　注意　　　　　　　2　注文　　　　　　　3　文句　　　　　　　4　文章

❷ 大学生になったので、今月から週3回（　　　）をすることにしました。

1　オフィス　　　　2　スタッフ　　　　3　リーダー　　　　4　アルバイト

❸ パソコンの画面が明るすぎて（　　　）。少し暗くしよう。

1　まぶしい　　　　2　苦しい　　　　　3　あやしい　　　　4　激しい

❹ この国では、物を買ったときに8％の税金が（　　　）。

1　出す　　　　　　2　払う　　　　　　3　入れる　　　　　4　かかる

❺ 明日の会議の準備は（　　　）終わっている。

1　なお　　　　　　2　また　　　　　　3　ほぼ　　　　　　4　つい

問題4　＿＿＿に意味が最も近いものを、1・2・3・4から一つえらびなさい。

❶ 将来家を買うために、毎月貯金している。

1　お金をかせいで　2　お金をためて　3　お金をおろして　4　お金をくずして

❷ いきなり「明日、会社を休みます。」って言われても困りますよ。

1　急に　　　　　　2　あっという間に　3　一度に　　　　　4　しばらく

問題5　つぎのことばの使い方として最もよいものを、1・2・3・4から一つえらびなさい。

❶ 平気

1　チャンさんは体調が悪いのか、顔色が平気じゃなさそうだ。
2　彼女はいつも平気で、大人しい性格です。
3　私の国では冬はマイナス20度になるので、日本の寒さは平気です。
4　今週は仕事があまり忙しくないので、気分が平気だ。

❷ 思わず

1　大事なことなんだから、思わずやらないでください。
2　あまりにびっくりしたので、思わず大声を出してしまった。
3　コーヒーをこぼしたら、店員が思わずタオルを持って来てくれた。
4　電車に乗っている間、窓の外をずっと思わず見ていた。

第3回

10分　/18

❶ 手が空いている方は、ちょっと協力していただけませんか。

　　1　きょりょく　　　　2　きょうりょく　　　3　きゅりょく　　　4　きゅうりょく

❷ この道は、夜は暗くて危ないので、あまり通らないほうがいい。

　　1　くだらない　　　　2　つまらない　　　　3　たまらない　　　4　あぶない

❸ 今晩ジョンさんの家に遊びに行くとき、果物を買って行こう。

　　1　たべもの　　　　　2　のみもの　　　　　3　くだもの　　　　4　よみもの

❹ 先輩から今晩飲みに行こうと誘われたが、今日は予定があるので断った。

　　1　きった　　　　　　2　まもった　　　　　3　ことわった　　　4　はかった

❺ この地域は海の汚染が問題になっている。

　　1　おせん　　　　　　2　おうせん　　　　　3　よせん　　　　　4　ようせん

❶ 突然、赤ちゃんがなき出し、乗客がみんな、そっちを見た。

　　1　怒き　　　　　　　2　喜き　　　　　　　3　笑き　　　　　4　泣き

❷ 担当ではないので、くわしいことはわかりません。

　　1　加しい　　　　　　2　詳しい　　　　　　3　組しい　　　　4　苦しい

❸ ミスが起きてしまった原因を、今、ちょうさしているところだ。

　　1　周省　　　　　　　2　周査　　　　　　　3　調省　　　　　4　調査

❹ もう着なくなった服は、すてるか売るかしよう。

　　1　授てる　　　　　　2　折てる　　　　　　3　捨てる　　　　4　打てる

問題3 （　　）に入れるのに、最もよいものを、1・2・3・4から一つえらびなさい。

❶ 虫に刺されたところが（　　　　）しかたない。

　　1　かゆくて　　　　　2　だるくて　　　　　3　つらくて　　　　　4　おそろしくて

❷ 18歳からが（　　　　）と決められている国もあれば、20歳からの国もある。

　　1　中年　　　　　　　2　若者　　　　　　　3　成人　　　　　　　4　少年

❸ 隅に置いてあった箱を片づけたら、部屋が広くなって（　　　　）した。

　　1　はっきり　　　　　2　すっきり　　　　　3　うっかり　　　　　4　しっかり

❹ 友達の結婚式で受付の（　　　　）を頼まれた。

　　1　者　　　　　　　　2　員　　　　　　　　3　人　　　　　　　　4　係

❺ 1年ぐらい林さんと連絡を（　　　　）いないが、元気にしているだろうか。

　　1　かけて　　　　　　2　とって　　　　　　3　持って　　　　　　4　出して

問題4 ＿＿＿に意味が最も近いものを、1・2・3・4から一つえらびなさい。

❶ この傷は徐々に治っていきますので、安心してください。

　　1　いつか　　　　　　2　いつの間にか　　　3　突然　　　　　　　4　少しずつ

❷ 発表の途中で時間がなくなってしまい、最後の説明をカットした。

　　1　急いだ　　　　　　2　やめた　　　　　　3　整理した　　　　　4　節約した

問題5 つぎのことばの使い方として最もよいものを、1・2・3・4から一つえらびなさい。

❶ 偉い

　　1　彼は私より3歳くらい偉かったと思う。
　　2　会社の偉い人と話す機会は、めったにない。
　　3　彼は特に女性の間で偉い。
　　4　彼は今一番偉くて、ずっと勝ち続けている。

❷ ボリューム

　　1　最近の携帯電話は性能がいいから、きれいなボリュームが出ますね。
　　2　中学生の息子はどんどんボリュームが伸びており、私より高くなった。
　　3　毎日練習していたら、そのうち、すぐにボリュームが上がりますよ。
　　4　この店の料理はボリュームがあるが、値段はそれほど高くない。

第4回

10分　/18

問題1　＿＿のことばの読み方として最もよいものを、1・2・3・4から一つえらびなさい。

❶ この祭りは、さまざまな国の人が<u>交流</u>する目的で行われている。

　　1　こりゅう　　　　　2　こうりゅう　　　　　3　きょりゅう　　　　4　きょうりゅう

❷ あんなに勉強したのに合格できなくて、とても<u>悔しい</u>。

　　1　なつかしい　　　　2　さびしい　　　　　　3　くやしい　　　　　4　くるしい

❸ 大都市は<u>物価</u>が高いので、田舎に引っ越すことにした。

　　1　ぶつか　　　　　　2　ぶっか　　　　　　　3　ものか　　　　　　4　もっか

❹ 日本人でも、<u>生</u>の魚が苦手で、さしみやすしを食べない人もいる。

　　1　せい　　　　　　　2　いき　　　　　　　　3　しょう　　　　　　4　なま

❺ 次の試合で<u>戦う</u>相手は、かなり強いらしい。

　　1　たたかう　　　　　2　あらそう　　　　　　3　すれちがう　　　　4　であう

問題2　＿＿のことばを漢字で書くとき、最もよいものを、1・2・3・4から一つえらびなさい。

❶ 新しい道路は来年完成予定だが、あまり工事が<u>すすん</u>でいないようだ。

　　1　追んで　　　　　　2　逃んで　　　　　　　3　進んで　　　　　　4　造んで

❷ 今の若者が何に<u>かんしん</u>を持っているか、アンケートをとってみた。

　　1　関心　　　　　　　2　開心　　　　　　　　3　聞心　　　　　　　4　問心

❸ 長時間使っていると、パソコンが<u>あつく</u>なってくる。

　　1　暑く　　　　　　　2　熱く　　　　　　　　3　厚く　　　　　　　4　焼く

❹ 一昨日、友達にメールを送ったが、まだ<u>へんしん</u>がない。

　　1　反信　　　　　　　2　坂信　　　　　　　　3　板信　　　　　　　4　返信

問題3　（　　）に入れるのに、最もよいものを、1・2・3・4から一つえらびなさい。

❶ 妹はもう社会人なのに、考え方がまだ（　　　　）。

　　1　あやしい　　　　2　幼い　　　　　3　薄い　　　　4　くだらない

❷ 今日からこのチームの（　　　　）になるアリさんを紹介します。

　　1　仲間　　　　　　2　同級生　　　　3　知人　　　　4　親友

❸ 新聞やテレビで、この問題をもっと（　　　　）ほしい。

　　1　取り出して　　　2　取り入れて　　3　取り上げて　　4　取り消して

❹ 12年前から開発を続けていた薬が（　　　　）完成しました。

　　1　あと　　　　　　2　あとで　　　　3　つい　　　　4　ついに

❺ 大学生の時はお金がなかったので、安い（　　　　）のアパートに住んでいた。

　　1　じろじろ　　　　2　ざらざら　　　3　ぼろぼろ　　　4　ばらばら

問題4　＿＿＿に意味が最も近いものを、1・2・3・4から一つえらびなさい。

❶ 初めて聞いた言葉を、インターネットで検索してみた。

　　1　得て　　　　　　2　調べて　　　　3　試して　　　　4　確かめて

❷ そんな楽な仕事でお金をもらえるなら、みんなやっているよ。

　　1　大変じゃない　　2　おもしろい　　3　怖くない　　4　あやしい

問題5　つぎのことばの使い方として最もよいものを、1・2・3・4から一つえらびなさい。

❶ たまに

　　1　先週、卒業以来会っていなかった友達にたまに会った。
　　2　めったにない機会なので、講演にはたまに行くつもりです。
　　3　となりに住んでいる人は、たまに見かけるぐらいで、どんな人かわからない。
　　4　あの店にはたまに行くので、店員はみんな、友達のようなものだ。

❷ スムーズ

　　1　とてものどが渇いていたようで、父はスムーズにビールを飲んだ。
　　2　友達だけの集まりなので、スムーズな服を着て行くつもりだ。
　　3　この部屋は近くにスーパーやコンビニがあって、とてもスムーズだ。
　　4　この機械はまるで人の手のように、動きがスムーズですね。

第5回

10分　／18

問題1　＿＿のことばの読み方として最もよいものを、1・2・3・4から一つえらびなさい。

❶ ずっと掃除をしていないので、窓がとても汚れている。

　　1　おれて　　　　　　2　おごれて　　　　　3　よれて　　　　　　4　よごれて

❷ 夜中にとなりの家に救急車が来て、びっくりした。

　　1　きゅうきゅ　　　2　きゅうきゅう　　　3　きゅきゅ　　　　　4　きゅきゅう

❸ 私は濃いお茶が好きだ。

　　1　ふかい　　　　　　2　つよい　　　　　　3　しぶい　　　　　　4　こい

❹ 新製品の発売日が決定した。

　　1　けってい　　　　　2　けつてい　　　　　3　きってい　　　　　4　きつてい

❺ 以前住んでいた家は大きい道路の近くで、騒音がひどかった。

　　1　ぞうおん　　　　　2　ぞういん　　　　　3　そうおん　　　　　4　そういん

問題2　＿＿のことばを漢字で書くとき、最もよいものを、1・2・3・4から一つえらびなさい。

❶ この中からお好きな色をえらんでください。

　　1　辺んで　　　　　　2　造んで　　　　　　3　選んで　　　　　　4　追んで

❷ 大事なメモをなくして、彼はこまっていた。

　　1　因って　　　　　　2　固って　　　　　　3　困って　　　　　　4　国って

❸ 市は、20年前からこうがいの問題を抱えている。

　　1　公害　　　　　　　2　公官　　　　　　　3　工害　　　　　　　4　工官

❹ 最初は反対されたが、最後には、父も結婚をみとめてくれた。

　　1　計めて　　　　　　2　許めて　　　　　　3　試めて　　　　　　4　認めて

問題3 （　　　）に入れるのに、最もよいものを、1・2・3・4から一つえらびなさい。

❶ 父は電力会社に（　　　　）しております。

1　事務　　　　　2　勤務　　　　　3　職務　　　　　4　義務

❷ 講演の内容を忘れないように、メモを（　　　　）ながら聞いた。

1　かけ　　　　　2　はり　　　　　3　つけ　　　　　4　取り

❸ この映画は最初はおもしろくなかったけど、途中から（　　　　）おもしろくなった。

1　だんだん　　　2　いきいき　　　3　ますます　　　4　わくわく

❹ 駅に行くと、事故で電車が止まっているという（　　　　）が流れていた。

1　アドバイス　　2　アナウンス　　3　リラックス　　4　リサイクル

❺ 部長はいつも（　　　　）ネクタイをしている。

1　つまらない　　2　なつかしい　　3　おしゃれな　　4　きびしい

問題4 ＿＿＿に意味が最も近いものを、1・2・3・4から一つえらびなさい。

❶ そんなあいまいな言い方では、相手に伝わらないんじゃないでしょうか。

1　失礼な　　　　2　平凡な　　　　3　はっきりしない　　4　真面目じゃない

❷ あわてると、またミスするよ。もうちょっと落ち着いて。

1　期待する　　　2　心配する　　　3　怒る　　　　　4　急ぐ

問題5 つぎのことばの使い方として最もよいものを、1・2・3・4から一つえらびなさい。

❶ 世話をする

1　悩んでいることがあったので、友達に世話をしてみた。
2　庭の草花の世話をするのは、父の担当だ。
3　娘は毎晩長い時間、友達と電話で世話をしている。
4　大きなミスをしてしまい、上司から厳しく世話をされた。

❷ 希望

1　先に飲み物だけ希望しましょう。
2　夏休みに友だちと北海道に行く希望をしている。
3　兄が何かおみやげを買ってきてくれると希望している。
4　留学を希望する理由を聞かせていただけますか。

第6回

10分　/18

問題1　＿＿のことばの読み方として最もよいものを、1・2・3・4から一つえらびなさい。

❶ そこにある厚い本を取ってください。

　　1　あかい　　　　　2　あおい　　　　　3　あつい　　　　　4　うすい

❷ 私は将来、作家になりたい。

　　1　さくや　　　　　2　さくか　　　　　3　つくりか　　　　4　さっか

❸ この指輪は、一生大事にする。

　　1　いっせい　　　　2　いっしょう　　　3　いちせい　　　　4　いちじょう

❹ そこは浅いから、安全だ。

　　1　あさい　　　　　2　せまい　　　　　2　あかるい　　　　4　やさしい

❺ ビールを少し残してしまった。

　　1　こぼして　　　　2　のこして　　　　3　かえして　　　　4　ながして

問題2　＿＿のことばを漢字で書くとき、最もよいものを、1・2・3・4から一つえらびなさい。

❶ 妹はプレゼントをもらって、とてもよろこんだ。

　　1　要んだ　　　　　2　喜んだ　　　　　3　違んだ　　　　　4　幸んだ

❷ そんなことはじょうしきだ。

　　1　常職　　　　　　2　堂識　　　　　　3　常識　　　　　　4　堂職

❸ 駅までとおいので、タクシーに乗った。

　　1　遅い　　　　　　2　退い　　　　　　3　追い　　　　　　4　遠い

❹ 3日から5日に予定をへんこうした。

　　1　変更　　　　　　2　恋更　　　　　　3　変専　　　　　　4　恋専

問題3　（　　）に入れるのに、最もよいものを、1・2・3・4から一つえらびなさい。

❶ 今月の（　　　　）は、50万円だった。

　　1　物価　　　　　2　会計　　　　　3　両替　　　　　4　売上

❷ 毎朝8時に会社に（　　　　）している。

　　1　外出　　　　　2　出勤　　　　　3　通行　　　　　4　帰宅

❸ 新幹線に乗るときは、窓（　　　　）の席がいい。

　　1　側　　　　　　2　向き　　　　　3　横　　　　　　4　辺り

❹ 朝、お弁当を作ったのに、（　　　　）忘れてきてしまった。

　　1　しっかり　　　2　すっきり　　　3　うっかり　　　4　はっきり

❺ 彼女は服の（　　　　）がいいね。

　　1　センス　　　　2　オシャレ　　　3　アクセント　　4　タイプ

問題4　＿＿に意味が最も近いものを、1・2・3・4から一つえらびなさい。

❶ まだ寝ていると思うから、ドアは静かに開けてください。

　　1　ざっと　　　　2　さっと　　　　3　ぞっと　　　　4　そっと

❷ 明日は10時からミーティングだ。

　　1　面接　　　　　2　会議　　　　　3　集合　　　　　4　待ち合わせ

問題5　つぎのことばの使い方として最もよいものを、1・2・3・4から一つえらびなさい。

❶ 材料

　　1　私は毎日、自分の材料を自分で作っている。
　　2　会議で配る材料をコピーしなければならない。
　　3　このカメラには、便利な材料がついている。
　　4　これからカレーの材料を買いに行くところだ。

❷ おろす

　　1　銀行でお金を3万円おろした。
　　2　エアコンの温度を少しおろした。
　　3　次の駅で電車をおろした。
　　4　せっけんで服の汚れをおろした。

第7回

⏱ 10分　　/18

問題1　＿＿のことばの読み方として最もよいものを、1・2・3・4から一つえらびなさい。

❶ 中国の首都は北京だ。

　　1　しゅうと　　　　　2　しゅとう　　　　　3　しゅうとう　　　　4　しゅと

❷ 彼女は悲しそうな目で写真を見ていた。

　　1　うれしそう　　　　2　たのしそう　　　　3　さびしそう　　　　4　かなしそう

❸ スマホが壊れて、タッチしても反応しなくなった。

　　1　はんおう　　　　　2　はのう　　　　　　3　はんのう　　　　　4　はおう

❹ 今日はよく日が照っているから、外は暖かい。

　　1　あたって　　　　　2　てれって　　　　　3　てって　　　　　　4　ひかって

❺ なぜかメールが受信できなくなった。

　　1　じゅうしん　　　　2　じゅっしん　　　　3　じゅしん　　　　　4　じしん

問題2　＿＿のことばを漢字で書くとき、最もよいものを、1・2・3・4から一つえらびなさい。

❶ 新しい店の前にぎょうれつができている。

　　1　行例　　　　　　　2　行列　　　　　　　3　業列　　　　　　　4　業例

❷ このさかを上がったら、大きい公園がある。

　　1　坂　　　　　　　　2　阪　　　　　　　　3　板　　　　　　　　4　仮

❸ 明日はぜったいに遅れないでください。

　　1　絶体　　　　　　　2　絶対　　　　　　　3　全体　　　　　　　4　全対

❹ はじめまして。中山ともうします。

　　1　甲します　　　　　2　由します　　　　　3　用します　　　　　4　申します

問題3　（　　　）に入れるのに、最もよいものを、1・2・3・4から一つえらびなさい。

❶ ホームページに（　　　　　）地図がのっています。

　　1　親しい　　　　　　2　激しい　　　　　　3　険しい　　　　　　4　詳しい

❷ 彼はアルバイトをして自分で学（　　　　　）を払っている。

　　1　料　　　　　　　　2　費　　　　　　　　3　代　　　　　　　　4　賃

❸ この人には、どこかで会ったことがあるような気が（　　　　　）。

　　1　ある　　　　　　　2　する　　　　　　　3　合う　　　　　　　4　つく

❹ 机の中をもう少し（　　　　　）しなさい。

　　1　整理　　　　　　　2　修正　　　　　　　3　変更　　　　　　　4　指定

❺ 朝、昼、晩で（　　　　　）のいい食事をしたほうがいい。

　　1　センス　　　　　　2　テイスト　　　　　3　バランス　　　　　4　ヘルシー

問題4　＿＿＿＿に意味が最も近いものを、1・2・3・4から一つえらびなさい。

❶ あの人、怖そうに見えるけど、本当は優しいよ。

　　1　実は　　　　　　　2　確か　　　　　　　3　きっと　　　　　　4　やっぱり

❷ 普通の暮らしができれば、十分だ。

　　1　陽気な　　　　　　2　純粋な　　　　　　3　平凡な　　　　　　4　のんきな

問題5　つぎのことばの使い方として最もよいものを、1・2・3・4から一つえらびなさい。

❶ けち

　　1　あの人はけちだから、何でも信じてしまう。
　　2　ぜいたくな人は苦手だが、けちな人もいやだ。
　　3　彼はけちなので、毎日しっかりと働いている。
　　4　友達が少ないので、けちになってしまった。

❷ 募集

　　1　彼は子どものときから、切手を募集している。
　　2　貧しい人たちのために500円募集した。
　　3　掃除機が当たるプレゼント企画に募集した。
　　4　あのスーパーではアルバイトを募集している。

第8回

10分　/18

　＿＿のことばの読み方として最もよいものを、1・2・3・4から一つえらびなさい。

❶ 明日から選挙が始まる。

　　1　せんきょ　　　　　2　せんきょう　　　　　3　せんぎょ　　　　　4　せんぎょう

❷ 学校で、誰かが落としたカギを拾った。

　　1　とった　　　　　2　ひろった　　　　　3　かった　　　　　4　うった

❸ スマホ市場は競争が激しい。

　　1　きょうそ　　　　　2　きょそう　　　　　3　きょうそう　　　　　4　きょうぞう

❹ この写真の、鼻に手を当てている人が木村さんです。

　　1　め　　　　　2　みみ　　　　　3　はな　　　　　4　くち

❺ 雪のように白い花が咲くそうだ。

　　1　くも　　　　　2　ゆき　　　　　3　こめ　　　　　4　しお

　＿＿のことばを漢字で書くとき、最もよいものを、1・2・3・4から一つえらびなさい。

❶ 今朝はいつもより早く目がさめてしまった。

　　1　覚めて　　　　　2　起めて　　　　　3　見めて　　　　　4　冷めて

❷ けんこうのために、毎日歩いている。

　　1　健厚　　　　　2　建厚　　　　　3　健康　　　　　4　建康

❸ 今年はもっと高い山にのぼりたい。

　　1　走りたい　　　　　2　登りたい　　　　　3　返りたい　　　　　4　実りたい

❹ きこうのいいところに住みたい。

　　1　気候　　　　　2　気侯　　　　　3　気候　　　　　4　気侯

問題3 （　　）に入れるのに、最もよいものを、1・2・3・4から一つえらびなさい。

❶ そんなことをするなんて（　　　　）常識だ。

1　無　　　　　　　2　不　　　　　　　3　非　　　　　　　4　未

❷ 田中さんは口が（　　　　）から信用できない。

1　広い　　　　　　2　かたい　　　　　3　大きい　　　　　4　軽い

❸ 明日のコンサートのことを考えると、（　　　　）して眠れない。

1　感心　　　　　　2　想像　　　　　　3　興奮　　　　　　4　満足

❹ 今夜は（　　　　）早く帰るつもりだ。

1　なるべく　　　　2　ついに　　　　　3　いきなり　　　　4　たいてい

❺ 薬は必ず全部飲み（　　　　）ください。

1　すぎて　　　　　2　きって　　　　　3　あげて　　　　　4　かえて

問題4 ＿＿＿に意味が最も近いものを、1・2・3・4から一つえらびなさい。

❶ 探していたものをついに見つけた。

1　とにかく　　　　2　ずっと　　　　　3　いきなり　　　　4　とうとう

❷ デザインもいいし、サイズもちょうどいいから、この靴にします。

1　そっくりだ　　　2　ぴったりだ　　　3　すっきりだ　　　4　しっかりだ

問題5 つぎのことばの使い方として最もよいものを、1・2・3・4から一つえらびなさい。

❶ 冷める

1　ビールがよく冷めていておいしい。
2　手袋を忘れたから、手が冷めてしまった。
3　薬を飲んで寝たら、熱はだいぶ冷めた。
4　カレーは冷めると、おいしくない。

❷ 性能

1　彼女は性能がいいから、みんなに人気がある。
2　製品の性能を高めるために、さまざまな工夫がされている。
3　一人一人が持つ性能を伸ばしていくべきだ。
4　成功するには性能もいるが、努力することがもっと大切だ。

第9回
だい　　かい

⏱ 10分　／18

問題1 ＿＿のことばの読み方として最もよいものを、1・2・3・4から一つえらびなさい。
もんだい　　　　　　　　　　　よ　かた　　　　もっと　　　　　　　　　　　　　　　　　ひと

❶ そのお皿はテーブルの中央に置いてください。
　　さら　　　　　　　　　　　　　　　　お

　　1　ちゅおう　　　　　2　ちゅうお　　　　3　ちゅお　　　　4　ちゅうおう

❷ 彼女はお年寄りを救って有名になった。
　かのじょ　　としよ　　　　　　ゆうめい

　　1　まもって　　　　　2　すくって　　　　3　ねがって　　　　4　いのって

❸ 食事について、何かご希望はありますか。
　しょくじ　　　　　なに

　　1　きほう　　　　　2　ぎほう　　　　　3　きぽう　　　　　4　きぼう

❹ 昨日、とても美しい人に会った。
　きのう　　　　　　　　ひと　あ

　　1　たのしい　　　　2　やさしい　　　　3　うつくしい　　　4　したしい

❺ 腕の骨を折って、病院に行った。
　うで　ほね　　　　　　びょういん　い

　　1　うって　　　　　2　きって　　　　　3　ふって　　　　　4　おって

問題2 ＿＿のことばを漢字で書くとき、最もよいものを、1・2・3・4から一つえらびなさい。
もんだい　　　　　　　　　かんじ　か　　　　もっと　　　　　　　　　　　　　　　　ひと

❶ 会議のときは、きろくを取るようにしている。
　かいぎ　　　　　　　　　　　と

　　1　記緑　　　　　　2　記録　　　　　　3　紀緑　　　　　　4　紀録

❷ 会場には、やく500人が集まった。
　かいじょう　　　　　　にん　あつ

　　1　級　　　　　　　2　細　　　　　　　3　組　　　　　　　4　約

❸ 自転車のしゃりんが曲がってしまった。
　じてんしゃ　　　　　　　ま

　　1　車輪　　　　　　2　車輸　　　　　　3　事輪　　　　　　4　事輸

❹ けがはもうすっかりなおった。

　　1　治った　　　　　2　諮った　　　　　3　冶おった　　　　4　治おった

問題3　（　　　）に入れるのに、最もよいものを、1・2・3・4から一つえらびなさい。

❶ あの遊園地は、休日になるといつも（　　　　）している。

　　1　渋滞　　　　　　　2　集中　　　　　　3　興奮　　　　　4　混雑

❷ 何かいい（　　　　）があったら教えてください。

　　1　アンケート　　　　2　アウトプット　　　3　アイディア　　　4　アマチュア

❸ 約束はちゃんと（　　　）ください。

　　1　受けて　　　　　　2　もらって　　　　　3　届けて　　　　　4　守って

❹ ずっと同じ服ばかり着ていたら、（　　　　）になってしまった。

　　1　ぴかぴか　　　　　2　ばらばら　　　　　3　ぼろぼろ　　　　4　ぎりぎり

❺ あの人は友達がたくさんいて（　　　　）。

　　1　きびしい　　　　　2　うらやましい　　　3　なつかしい　　　4　はずかしい

問題4　＿＿＿＿に意味が最も近いものを、1・2・3・4から一つえらびなさい。

❶ 風邪をひいたので、予定をキャンセルした。

　　1　変更した　　　　　2　延期した　　　　　3　取り消した　　　4　確認した

❷ 明日のパーティーは、少しだけ参加するつもりだ。

　　1　飲む　　　　　　　2　出る　　　　　　　3　食べる　　　　　4　払う

問題5　つぎのことばの使い方として最もよいものを、1・2・3・4から一つえらびなさい。

❶ 結局

　　1　風が入ってくるので、ドアを結局閉めてください。
　　2　運転していたら、結局、男の子が飛び出してきた。
　　3　約束の時間を過ぎても、結局、彼は来なかった。
　　4　もっと結局食事をとらないと、体は強くなりませんよ。

❷ 見物

　　1　来月、ピアノのコンクールを見物することにした。
　　2　どのクラブに入るか、決める前に見物するつもりだ。
　　3　時計を見物したら、もう5時を過ぎていた。
　　4　花火を見物するなら、ゆかたを着て行きたい。

第10回
だい　　　　かい

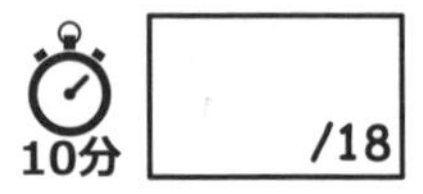

10分　　　/18

問題1
もんだい
　　＿＿＿のことばの読み方として最もよいものを、1・2・3・4から一つえらびなさい。
　　　　　　　　　よ　かた　　　もっと　　　　　　　　　　　　　　　　　　　ひと

❶ 修理すれば、また使えるようになる。
　　　　　　　　　　つか

　　1　しゅうり　　　　　2　しゅり　　　　　3　じゅうり　　　　4　じゅり

❷ 私の家には畑がある。
　わたし　いえ

　　1　にわ　　　　　　　2　はたけ　　　　　3　はやし　　　　　4　いけ

❸ これは児童のための本だ。
　　　　　　　　　　　ほん

　　1　じどう　　　　　　2　しどう　　　　　3　じとう　　　　　4　しとう

❹ 明日の3時に参ります。
　あした　じ

　　1　はいります　　　　2　まいります　　　3　かえります　　　4　おくります

❺ 失敗しても、だれも怒らないよ。
　　　　　　　　　　おこ

　　1　しつれい　　　　　2　しつれん　　　　3　しっぱい　　　　4　しんぱい

問題2
もんだい
　　＿＿＿のことばを漢字で書くとき、最もよいものを、1・2・3・4から一つえらびなさい。
　　　　　　　　　　かんじ　か　　　　　　もっと　　　　　　　　　　　　　　ひと

❶ 足からちが出た。
　あし　　　　　で

　　1　面　　　　　　　　2　皿　　　　　　　3　向　　　　　　　4　血

❷ この町にははじめて来た。
　　　まち　　　　　　　　き

　　1　初めて　　　　　　2　始めて　　　　　3　最めて　　　　　4　先めて

❸ 冬はほしがきれいだ。
　ふゆ

　　1　里　　　　　　　　2　氷　　　　　　　3　谷　　　　　　　4　星

❹ かんけい者から話を聞いた。
　　　　　しゃ　　　はなし　き

　　1　関系　　　　　　　2　間系　　　　　　3　関係　　　　　　4　間係

問題3　（　　　）に入れるのに、最もよいものを、1・2・3・4から一つえらびなさい。

❶ 砂糖を入れすぎて、コーヒーがかなり（　　　）なってしまった。

　　1　すっぱく　　　　2　からく　　　　3　にがく　　　　4　あまく

❷ どうぞ（　　　）しないで好きなものを食べてください。

　　1　許可　　　　2　遠慮　　　　3　連絡　　　　4　感謝

❸ （　　　）が多くて食べきれなかった。

　　1　エネルギー　　　2　サンプル　　　3　バランス　　　4　ボリューム

❹ 本当にそれでいいのか（　　　）考えてください。

　　1　ぐっすり　　　　2　じっくり　　　　3　すっかり　　　　4　はっきり

❺ バスに乗るから、（　　　）お金が必要だ。

　　1　安い　　　　2　丸い　　　　3　少ない　　　　4　細かい

問題4　＿＿＿に意味が最も近いものを、1・2・3・4から一つえらびなさい。

❶ 急に走り始めるから、びっくりしたよ。

　　1　走りきる　　　　2　走りだす　　　　3　走りかける　　　　4　走りまわる

❷ そんなわがままなことを言わないでください。

　　1　人のことを笑う　　　　　　　2　人の意見を聞かない
　　3　人にきびしい　　　　　　　　4　人に関心がない

問題5　つぎのことばの使い方として最もよいものを、1・2・3・4から一つえらびなさい。

❶ 発表

　　1　この雑誌は毎月1日に発表される。
　　2　今朝の会議の内容について上司に発表した。
　　3　友達から「遅れて来る」とメールで発表があった。
　　4　アンケート調査の結果についてクラスで発表した。

❷ たしか

　　1　ここに住所をたしか書いてください。
　　2　あの日はたしか家族で水族館に行ったと思います。
　　3　この中から好きなものをたしか選んでください。
　　4　すみませんが、たしか家に帰ります。

第11回
だい　　かい

10分　　　　　/18

問題 1　＿＿のことばの読み方として最もよいものを、1・2・3・4から一つえらびなさい。
もんだい　　　　　　　　　　　　　よ　かた　　　もっと　　　　　　　　　　　　　　　　　　ひと

① 山田さんは、本当に仕事に熱心な人だ。
やま だ　　　　ほんとう　　し ごと　　ねっしん　ひと

　　　1　ねつしん　　　　　　2　ねっしん　　　　　　3　ねしん　　　　　　4　ねじん

② 仕事で失敗してしまいました。
し ごと

　　　1　しぱい　　　　　　　2　しっばい　　　　　　3　しっはい　　　　　4　しっぱい

③ さくらさんが昨日から学校を休んでいるから、心配です。
きのう　　　　がっこう　やす

　　　1　しんはい　　　　　　2　じんばい　　　　　　3　しんぱい　　　　　4　じんぱい

④ 私の身長は、155センチです。
わたし

　　　1　しんちょう　　　　　2　じんちょう　　　　　3　しんじょう　　　　4　じんじょう

⑤ 店員が、棚に商品を並べているところだった。
てんいん　　　たな　　　　なら

　　　1　じょうひん　　　　　2　しょうびん　　　　　3　じょうぴん　　　　4　しょうひん

問題 2　＿＿のことばを漢字で書くとき、最もよいものを、1・2・3・4から一つえらびなさい。
もんだい　　　　　　　　　かんじ　か　　　　もっと　　　　　　　　　　　　　　　　　　ひと

① 仕事は好きですが、きゅうりょうが安いんです。
し ごと　す　　　　　　　　　　　　　　やす

　　　1　急料　　　　　　　　2　急量　　　　　　　　3　給料　　　　　　　4　給量

② さめないうちに、早く食べて。
はや　た

　　　1　覚め　　　　　　　　2　冷め　　　　　　　　3　差め　　　　　　　4　細め

③ 受付のばんごうをここに書いてください。
うけつけ　　　　　　　　　　　　か

　　　1　番合　　　　　　　　2　使合　　　　　　　　3　番号　　　　　　　4　使号

④ その意見には賛成できません。はんたいです。
い けん　　　さんせい

　　　1　板体　　　　　　　　2　半体　　　　　　　　3　反対　　　　　　　4　阪対

問題3（もんだい） （　　）に入れるのに、最もよいものを、1・2・3・4から一つえらびなさい。

❶ やっと、Ａ社に（　　　　）が決まりました。4月から働きます。

　1　就職（しゅうしょく）　　　2　卒業（そつぎょう）　　　3　出勤（しゅっきん）　　　4　進学（しんがく）

❷ この資料（しりょう）のデータを、パソコンに（　　　　）してください。

　1　修理（しゅうり）　　　2　許可（きょか）　　　3　自習（じしゅう）　　　4　入力（にゅうりょく）

❸ 買（か）った服（ふく）が汚（よご）れていたので、店（みせ）に行（い）って（　　　　）もらった。

　1　取（と）り合（あ）って　　　2　取（と）り替（か）えて　　　3　取（と）り出（だ）して　　　4　取（と）り上（あ）げて

❹ きのうは急（きゅう）に雨（あめ）が（　　　　）、大変（たいへん）だったよ。

　1　降（ふ）り出（だ）して　　　2　降（ふ）り切（き）って　　　3　降（ふ）りこんで　　　4　降（ふ）り出（で）て

❺ 電車（でんしゃ）で寝（ね）てしまって、一駅（ひとえき）（　　　　）。

　1　乗（の）り遅（おく）れてた　　　2　乗（の）り換（か）えてた　　　3　乗（の）り過（す）ごした　　　4　乗（の）り越（こ）えた

問題4（もんだい） ＿＿＿＿に意味（いみ）が最（もっと）も近（ちか）いものを、1・2・3・4から一つえらびなさい。

❶ これ、さくらさんからもらったんです。とても気（き）に入（い）りました。

　1　好（す）きです　　　2　うれしいです　　　3　残念（ざんねん）です　　　4　悲（かな）しいです

❷ 田中（たなか）さんは、おとなしい性格（せいかく）の女性（じょせい）です。

　1　冷（つめ）たい　　　2　優（やさ）しい　　　3　静（しず）かな　　　4　正直（しょうじき）な

問題5（もんだい） つぎのことばの使（つか）い方（かた）として最（もっと）もよいものを、1・2・3・4から一つえらびなさい。

❶ 提出（ていしゅつ）

　1　今日（きょう）は燃（も）えるゴミの日（ひ）なので、ゴミを外（そと）に提出（ていしゅつ）した。

　2　レポートの提出（ていしゅつ）は、金曜（きんよう）の夕方（ゆうがた）5時（じ）までです。

　3　あれ？　テレビの音（おと）が提出（ていしゅつ）しない。

　4　外（そと）がうるさいね。ちょっと提出（ていしゅつ）して、見（み）てみよう。

❷ 伝言（でんごん）

　1　Ａ社（しゃ）からの伝言（でんごん）を、部長（ぶちょう）に伝（つた）えた。

　2　会議（かいぎ）ではもっと自分（じぶん）から伝言（でんごん）をするようにと、部長（ぶちょう）に言（い）われた。

　3　店長（てんちょう）に早（はや）く帰（かえ）っていいか伝言（でんごん）したら、だめだと言（い）われた。

　4　手（て）を挙（あ）げて「すみません」って伝言（でんごん）したのに、気（き）づいてもらえなかった。

第12回
だい　かい

⏱ 10分　　/18

問題1　＿＿のことばの読み方として最もよいものを、1・2・3・4から一つえらびなさい。
よ　かた　もっと　ひと

❶ 明日は祝日なので、仕事は休みです。
あした　　しごと　やす

　　1　しゅくじつ　　　　2　じゅくじつ　　　　3　しゅっか　　　　4　しゅくか

❷ このほかに、お酒の種類はありませんか。
さけ

　　1　しゅるい　　　　2　じゅるい　　　　3　しゅらい　　　　4　じゅらい

❸ 朝起きたらもう9時で、学校に遅刻してしまった。
あさお　　じ　　がっこう

　　1　しこく　　　　2　しごく　　　　3　ちこく　　　　4　ちごく

❹ みなさまのご協力のおかげで、片づけが早く終わりました。
かた　　はや　お

　　1　きょうりき　　　　2　ぎょうりき　　　　3　きょうりょく　　　　4　ぎょうりょく

❺ 試験の結果は、まだわからないの？
しけん

　　1　けつか　　　　2　げつか　　　　3　けっか　　　　4　げっか

問題2　＿＿のことばを漢字で書くとき、最もよいものを、1・2・3・4から一つえらびなさい。
かんじ　か　　もっと　ひと

❶ イベントがせいこうしてよかったです。

　　1　成功　　　　2　制校　　　　3　正校　　　　4　生高

❷ ここから先に入ったら、きけんです。
さき　はい

　　1　危剣　　　　2　危検　　　　3　危険　　　　4　危倹

❸ 今日のテストは、とてもかんたんだった。
きょう

　　1　問短　　　　2　門短　　　　3　簡単　　　　4　間単

❹ 1日のろうどう時間は、どのくらいですか。
にち　　じかん

　　1　労同　　　　2　労働　　　　3　労動　　　　4　労道

問題3　（　　　）に入れるのに、最もよいものを、1・2・3・4から一つえらびなさい。

❶ 彼は（　　　　）だから、お金がかかる店には行きたがらない。

　　1　おしゃれ　　　　2　さまざま　　　　3　けち　　　　4　ぜいたく

❷ 会社の大事な（　　　　）なので、封筒に入れてしまっておきます。

　　1　書類　　　　2　ポスト　　　　3　郵便　　　　4　切手

❸ では、（　　　　）に名前を呼びます。ひとりずつ来てください。

　　1　出席　　　　2　非常　　　　3　順番　　　　4　複雑

❹ せまいですが、私の部屋の（　　　　）は、ひと月7万円もするんです。

　　1　値段　　　　2　料金　　　　3　代金　　　　4　家賃

❺ すみません、このくつ、ほかの（　　　　）はありませんか。

　　1　サイズ　　　　2　データ　　　　3　ロング　　　　4　サンプル

問題4　＿＿＿＿に意味が最も近いものを、1・2・3・4から一つえらびなさい。

❶ 私は、この店にはめったに来ないんです。

　　1　いつも　　　　2　ときどき　　　　3　ほとんど　　　　4　しばらく

❷ 徐々に仕事を覚えるつもりだ。

　　1　いつのまにか　　　　2　急に　　　　3　あとで　　　　4　少しずつ

問題5　つぎのことばの使い方として最もよいものを、1・2・3・4から一つえらびなさい。

❶ 両替

　　1　海外旅行をするので、円をドルに両替した。
　　2　このシャツ、汚れていたので、両替してもらえませんか。
　　3　ここは、文字の大きさをもう少し両替したほうがいいと思う。
　　4　これから服を両替して、出かけるところです。

❷ 正確

　　1　この問題の正確は3番です。
　　2　彼の仕事はいつも、早くて正確です。
　　3　彼は正確に怒っていたんですか。
　　4　お世話になり、正確にありがとうございました。

第13回

10分　/18

問題1　＿＿のことばの読み方として最もよいものを、1・2・3・4から一つえらびなさい。

❶ コーラをひとつ、追加で注文しました。

　　1　ついか　　　　　2　ついが　　　　　3　おいか　　　　　4　おっか

❷ きょうはデートだから、きれいに化粧をした。

　　1　けじょう　　　　2　けしょう　　　　3　げじょう　　　　4　げしょう

❸ 遅れる場合は、連絡してください。

　　1　らんらく　　　　2　らんれく　　　　3　れんらく　　　　4　れんれく

❹ このバスは満員です。次のバスをご利用ください。

　　1　まにん　　　　　2　まにいん　　　　3　まんいん　　　　4　まんにん

❺ 山の上からは、きれいな景色が見えました。

　　1　けしき　　　　　2　けいしき　　　　3　けしょく　　　　4　けいしょく

問題2　＿＿のことばを漢字で書くとき、最もよいものを、1・2・3・4から一つえらびなさい。

❶ 明日の会議は、私もさんかする予定です。

　　1　参科　　　　　　2　参加　　　　　　3　参課　　　　　　4　参過

❷ 何度もれんしゅうして、やっと上手になりました。

　　1　練習　　　　　　2　凍週　　　　　　3　連週　　　　　　4　連習

❸ 私の国と日本では、文化もしゅうかんも違います。

　　1　修感　　　　　　2　集観　　　　　　3　周漢　　　　　　4　習慣

❹ ケンカのげんいんは、何だったんですか。

　　1　原因　　　　　　2　言員　　　　　　3　元引　　　　　　4　現飲

問題3　（　　　）に入れるのに、最もよいものを、1・2・3・4から一つえらびなさい。

❶　びんや缶は（　　　　）できるので、分けて捨てましょう。

　　1　リラックス　　　　2　レッスン　　　　3　レンタル　　　　4　リサイクル

❷　参加できる場合は、このメールに（　　　　）をください。

　　1　返信　　　　　　　2　送信　　　　　　3　手紙　　　　　　4　信号

❸　足が（　　　　）。虫に刺されたかもしれない。

　　1　ねむい　　　　　　2　ぬるい　　　　　3　かゆい　　　　　4　おもい

❹　今日のテストは、難しすぎて（　　　　）ことができなかった。

　　1　くわえる　　　　　2　とく　　　　　　3　たしかめる　　　4　ためす

❺　また、彼のうそに（　　　　）しまった。

　　1　だまされて　　　　2　よごされて　　　3　すてられて　　　4　しかられて

問題4　＿＿＿に意味が最も近いものを、1・2・3・4から一つえらびなさい。

❶　私の部屋には、もうスペースがありません。

　　1　場所　　　　　　　2　お金　　　　　　3　仕事　　　　　　4　時間

❷　家に帰ると、ほっとします。

　　1　楽しいです　　　　2　にぎやかです　　3　落ち着きます　　4　ひまです

問題5　つぎのことばの使い方として最もよいものを、1・2・3・4から一つえらびなさい。

❶　思い出す

　　1　この意見について、あなたはどう思い出しますか。

　　2　どちらのパソコンにするか、よく思い出して決めたいです。

　　3　最近、子どものころをよく思い出します。

　　4　その件については、社長に相談したほうがいいと思い出しました。

❷　素直

　　1　危ないから素直にさわらないでください。

　　2　派手なのはあんまり……。素直なデザインのほうが好きです。

　　3　行きたかったら行きたいって素直に言えばいい。

　　4　つぎの角を右に曲がったら、しばらく素直に歩いてください

第14回

10分　　/18

---

❶ この 10 年で、留学生の数は増加している。

　　1　そうか　　　　　2　そか　　　　　3　ぞうか　　　　　4　ぞか

❷ 山田さんはとても正直な人だ。

　　1　しょうじき　　　2　せいちょく　　　3　しょうしき　　　4　せいしき

❸ この細い道を通って、向こうにあるのが私の家です。

　　1　こまかい　　　　2　ふとい　　　　　3　ほそい　　　　　4　にがい

❹ 通勤に、電車で 30 分くらいかかります。

　　1　つうきん　　　　2　つきん　　　　　3　つうしん　　　　4　つしん

❺ 10 と 15、合計で 25 ですね。

　　1　あいけい　　　　2　あいけ　　　　　3　ごうけい　　　　4　ごうけ

---

❶ 今の仕事には、いろいろふまんがあります。

　　1　風万　　　　　　2　付馬　　　　　　3　歩間　　　　　　4　不満

❷ 今日の試合に勝つために、一年間どりょくを続けてきました。

　　1　度力　　　　　　2　渡力　　　　　　3　努力　　　　　　4　怒力

❸ 結婚あいては、優しい人がいいです。

　　1　相手　　　　　　2　相低　　　　　　3　箱手　　　　　　4　箱低

❹ あ、時計が止まってる。電池をこうかんしよう。

　　1　校缶　　　　　　2　交換　　　　　　3　交間　　　　　　4　校感

❺ 家族といるときが、一番あんしんできます。

　　1　案真　　　　　　2　案新　　　　　　3　安心　　　　　　4　安信

問題3 （　　　）に入れるのに、最もよいものを、1・2・3・4から一つえらびなさい。

❶ 毎日同じことばかりで、もう（　　　　）しまった。

  1　預けて　　　　　　2　しびれて　　　　　　3　抜けて　　　　　　4　飽きて

❷ 今の給料には、（　　　　）います。

  1　満足して　　　　　2　完成して　　　　　　3　尊敬して　　　　　4　両替して

❸ その件なら、部長に（　　　　）をもらわなければならない。

  1　必要　　　　　　　2　許可　　　　　　　　3　可能　　　　　　　4　信頼

❹ 携帯電話が（　　　　）されて、いつでも連絡がとれるようになった。

  1　出発　　　　　　　2　発展　　　　　　　　3　発見　　　　　　　4　開発

❺ レポートの（　　　　）は、今週の金曜日です。

  1　しめきり　　　　　2　最後　　　　　　　　3　ぎりぎり　　　　　4　集合

問題4 ＿＿＿に意味が最も近いものを、1・2・3・4から一つえらびなさい。

❶ ここは自然が豊かなところです。

  1　少ない　　　　　　2　多い　　　　　　　　3　きれいな　　　　　4　必要な

❷ 彼が反対したのは意外でした。

  1　はっきりしない　　2　本当ではない　　　　3　予想と違う　　　　4　ほかの人と違う

問題5 つぎのことばの使い方として最もよいものを、1・2・3・4から一つえらびなさい。

❶ 問い合わせる

  1　説明がよくわからなかったので、授業のあとに先生に問い合わせた。
  2　最近買ったテレビの使い方について、問い合わせの電話をした。
  3　道に迷ってしまって、近くにいた人に問い合わせた。
  4　きょう何時に帰ってくるか、母に電話で問い合わせた。

❷ キャンセル

  1　急に予定が入ってしまったので、来週の旅行はキャンセルすることになった。
  2　4年間アルバイトをしたこの店も、今日でキャンセルです。
  3　疲れているから、練習を半分にキャンセルした。
  4　来年の3月に大学をキャンセルしたら、4月からは会社で働くつもりだ。

第15回
だい　　　　かい

10分　　/18

問題1　____のことばの読み方として最もよいものを、1・2・3・4から一つえらびなさい。

❶ のどがかわいていたから、コップはすぐに空になった。

　　1　あく　　　　　　2　あき　　　　　　3　から　　　　　　4　くう

❷ このスープ、すごく辛い！

　　1　こい　　　　　　2　からい　　　　　3　にがい　　　　　4　あまい

❸ 過去のことよりも、これからのことを考えましょう。

　　1　かこ　　　　　　2　かいこ　　　　　3　かきょ　　　　　4　かいきょ

❹ その本、どんな内容だった？

　　1　なよ　　　　　　2　なよう　　　　　3　ないよ　　　　　4　ないよう

❺ 日本の大学で、経営を学ぶつもりです。

　　1　きょうえい　　　2　きょうえ　　　　3　けいえい　　　　4　けえい

問題2　____のことばを漢字で書くとき、最もよいものを、1・2・3・4から一つえらびなさい。

❶ きのうメールを送ったんですが、まだへんじがありません。

　　1　返事　　　　　　2　辺辞　　　　　　3　変辞　　　　　　4　坂事

❷ その荷物、こっちにうつしてくれる？

　　1　転して　　　　　2　写して　　　　　3　映して　　　　　4　移して

❸ 毎日のよしゅうが大切です。

　　1　余習　　　　　　2　予習　　　　　　3　余修　　　　　　4　予修

❹ せきがいっぱいで、入れなかった。

　　1　座　　　　　　　2　席　　　　　　　3　度　　　　　　　4　渡

❺ 明日、結果がはっぴょうされる。

　　1　発表　　　　　　2　発平　　　　　　3　初表　　　　　　4　初平

問題3　（　　　）に入れるのに、最もよいものを、1・2・3・4から一つえらびなさい。

① この会社の社員の（　　　　）年齢は、37歳です。

　　1　平均　　　　　　2　平行　　　　　　3　割引　　　　　　4　合同

② 南（　　　　）の部屋なので、昼はとても暖かいんです。

　　1　行き　　　　　　2　行け　　　　　　3　向け　　　　　　4　向き

③ 何度説明してもわかってくれなくて、（　　　　）してしまった。

　　1　うろうろ　　　　2　ぱらぱら　　　　3　からから　　　　4　いらいら

④ 合格まであと1点だったのに。（　　　　）です。

　　1　くやしい　　　　2　うれしい　　　　3　たのしい　　　　4　けわしい

⑤ よく、私の顔は父に（　　　　）だと言われます。

　　1　そっくり　　　　2　びっくり　　　　3　ゆっくり　　　　4　すっきり

問題4　＿＿に意味が最も近いものを、1・2・3・4から一つえらびなさい。

① バスの時間に遅れそうで、あわてて家を出た。

　　1　驚いて　　　　　2　不安で　　　　　3　急いで　　　　　4　困って

② あんなひどいことを言われたら、腹が立つよ。

　　1　うれしい　　　　2　びっくりする　　3　怒る　　　　　　4　悲しい

問題5　つぎのことばの使い方として最もよいものを、1・2・3・4から一つえらびなさい。

① 期限

　　1　期限までに必ず書類を出してください。
　　2　必ず出席するから、結婚式の期限が決まったら、教えて。
　　3　工事が行われている期限は、中に入れません。
　　4　今はお花見をするのに一番いい期限ですね。

② 冷やす

　　1　最近、田中さんは私に冷やした気がします。
　　2　明日は、一日中冷やした天気になるそうです。
　　3　悲しいニュースに、心を冷やしてしまった。
　　4　これは、冷やして食べたほうがおいしいですよ。

テーマ別ミニ特訓講座
べつ　　　　　とっくんこうざ
Mini-Courses Based on Themes ／ Khóa học mini theo chủ đề

1. 自動詞・他動詞
じ どう し　　た どう し
Intransitive / Transitive Verbs ／ Tự động từ, tha động từ

自動詞→Ⅰグループ
じ どう し
他動詞→Ⅰグループ
た どう し

-u と -asu

1
髪が**乾**く
かみ　かわ
dry
khô

髪を**乾**かす
かみ　かわ
to dry
làm khô

2
体重が**減**る
たいじゅう　へ
decrease
giảm, giảm xuống

体重を**減**らす
たいじゅう　へ
to decrease
bớt đi, giảm

-ru と -su

3
人が**通**る
ひと　　とお
pass by
đi qua

人を**通**す
ひと　　とお
to pass by
cho đi qua

irregular

4
かぎが**なくなる**
disappear
mất

かぎを**なくす**
to lose
đánh mất

自動詞→Ⅰグループ
じ どう し
他動詞→Ⅱグループ
た どう し

-u と -eru

5
電気が**つく**
でん き
turn on
điện sáng

電気を**つける**
でん き
to turn on
bật điện

6
花が**育**つ
はな　そだ
grow
lớn lên

花を**育**てる
はな　そだ
foster
nuôi

7
荷物が**届**く
に もつ　とど
arrive
đến

荷物を**届**ける
に もつ　とど
to deliver
đưa đến, mang tới

-aru と -eru

8
かぎが**かかる**
lock
cửa khóa

かぎを**かける**
to lock
khóa cửa

自動詞→Ⅱグループ
じ どう し
他動詞→Ⅰグループ
た どう し

-iru と -osu

9
車から人が**降**りる
くるま　　ひと　お
get off ／ xuống (từ phương tiện giao thông)

棚から荷物を**降**ろす
たな　　に もつ　お
to take off ／ cho xuống, dỡ xuống (đồ vật)

-reru と -ru

10
皿が**割**れる
さら　わ
break
vỡ

皿を**割**る
さら　わ
to break
đánh vỡ

-reru と -su

11
シャツが**汚**れる
よご
get dirty
bẩn

シャツを**汚**す
よご
to dirty
làm bẩn

12
木が**倒**れる
き　たお
fall over
đổ, ngã

木を**倒**す
き　たお
to fell
chặt, đốn

-eru と -(y)asu

13
ビールが**冷**える
ひ
get cold
lạnh

ビールを**冷**やす
ひ
to chill
làm lạnh

14
生徒が**増**える
せい と　ふ
increase
tăng lên

生徒を**増**やす
せい と　ふ
to increase
tăng

確認ドリル

① 電気が（ a. ついている　b. つけている ）から、誰かいると思う。
でん き　　　　　　　　　　　　　　　　　　　　だれ　　　　おも

② 去年より人口が（ a. 減らし　b. 減って ）いる。
きょねん　じんこう　　へ　　　　　　へ

③ この猫は３年前から私が（ a. 育って　b. 育てて ）いるんです。
ねこ　ねんまえ　わたし　　　　そだ　　　　そだ

④ 女性が急に（ a. 倒れた　b. 倒した ）から、びっくりした。
じょせい　きゅう　　　たお　　　　たお

⑤ 電話番号を書いたメモを（ a. なくして　b. なくなって ）しまった。
でん わ ばんごう　か

⑥ かぎが（ a. かけて　b. かかって ）いて、中に入れない。
なか　はい

⑦ 先に子どもたちを（ a. 通って　b. 通して ）もらえますか。
さき　こ　　　　　　　　とお　　　　とお

⑧ 友達が（ a. 増えて　b. 増やして ）、うれしい。
ともだち　　　ふ　　　　ふ

⑨ 大事な書類だから、（ a. 汚さ　b. 汚れ ）ないでね。
だい じ　しょるい　　　　　よご　　　よご

⑩ 次の駅で（ a. 降りる　b. 降ろす ）つもりだ。
つぎ　えき　　　お　　　　お

2. 複合動詞①
ふくごうどうし

Compound Verbs ①／Động từ phức ①

1 計画について**話し合う**　discuss / bàn bạc
けいかく　　　　　はな　あ

2 友達の紹介で**知り合う**　come to know / quen biết
ともだち　しょうかい　し　あ

3 ベッドから**起き上がる**　get up / đứng dậy
　　　　　お　あ

4 料理が**でき上がる**　finish / làm xong
りょうり　　　　あ

5 箱を**持ち上げる**　raise up / cầm lên
はこ　も　あ

6 作品を**作り上げる**　complete / tạo ra, làm nên
さくひん　つく　あ

7 論文を**書き終わる**　finish writing / viết xong
ろんぶん　か　お

8 夕飯を**食べ終わる**　finish eating / ăn xong
ゆうはん　た　お

9 同じことを**繰り返す**　repeat / lặp đi lặp lại
おな　　　　く　かえ

10 「え？」と**聞き返す**　ask to hear again / hỏi lại
き　かえ

11 ドレスに**着替える**　change clothes / thay quần áo
き　が

12 電池を**取り替える**　exchange / thay mới
でんち　と　か

13 隣の人に**話しかける**　speak to / bắt chuyện
となり　ひと　はな

14 走って友達を**追いかける**　chase after / đuổi theo
はし　　ともだち　お

15 本当のことを**言いかける**　begin speaking / thổ lộ
ほんとう　　　　　い

16 手紙を**受け取る**　receive / nhận được
てがみ　う　と

17 はさみで**切り取る**　cut out / cắt rời
き　と

18 間違えたところを**書き直す**　rewrite / viết lại
まちが　　　　　　　か　なお

19 後で電話を**かけ直す**　call again / gọi điện thoại lại
あと　でんわ　　　　なお

20 最初から**やり直す**　do again / làm lại
さいしょ　　　　なお

確認ドリル

① 知らない人に急に（ a. 話しかけられた　b. 話し合われた ）。
し　　　　ひと　きゅう　　　　はな　　　　　　　　はな　あ

② その本、全部（ a. 読み返したら　b. 読み終わったら ）、貸して。
ほん　ぜんぶ　　　よ　かえ　　　　　よ　お　　　　　　か

③ 電話したが、でなかったので、あとで（ a. かけかえる　b. かけなおす ）つもりだ。
でんわ

④ 妻とは、大学生のときに（ a. 知り上げた　b. 知り合った ）。
つま　　　だいがくせい　　　　　し　あ　　　　　し　あ

⑤ 彼女からメールを（ a. 受け取った　b. 取り上げた ）のは今朝です。
かのじょ　　　　　　　う　と　　　　と　あ　　　　　けさ

⑥ もう一度、最初から（ a. やり返した　b. やり直した ）ほうがいいと思う。
いちど　さいしょ　　　　かえ　　　　　　なお　　　　　　　おも

⑦ 何て言われたか、わからなかったので（ a. 聞き取った　b. 聞き返した ）。
なん　い　　　　　　　　　　　　　　　　き　と　　　　　き　かえ

⑧ 昨日の夜は、服も（ a. 着替えずに　b. 着直さずに ）寝てしまった。
きのう　よる　　ふく　　き　が　　　　　き　なお　　　ね

⑨ 彼女は何か（ a. 言い直した　b. 言いかけた ）が、結局、何も言わなかった。
かのじょ　なに　　い　なお　　　　い　　　　　　けっきょく　なに　い

⑩ みんなでよく（ a. 話し合って　b. 話し上げて ）決めた。
はな　あ　　　　はな　あ　　　き

3. 複合動詞②
ふくごうどうし

Compound Verbs ②／Động từ phức ②

1

名前を**思い出す**
な まえ おも だ
remember
nhớ ra

いい考えが**思いつく**
かんが おも
think of
nghĩ ra

2

ノートに**書き写す**
か うつ
transcribe
viết cóp lại

メモに少し**書き足す**
すこ か た
add more information
viết thêm

3

新しい人と**出会う**
あたら ひと で あ
meet
gặp gỡ

空港で家族を**出迎える**
くうこう か ぞく で むか
receive
ra đón

4

予約を**取り消す**
よやく と け
cancel
hủy bỏ

カバンから手帳を**取り出す**
て ちょう と だ
take out
lấy ra

5

バスに**乗り遅れる**
の おく
miss {transportation}
lỡ tàu xe

電車を**乗り換える**
でんしゃ の か
transfer
đổi tàu xe

6

空を**見上げる**
そら み あ
look up
nhìn lên

町を**見下ろす**
まち み お
look down
nhìn xuống

友達を駅まで**見送る**
ともだち えき み おく
see off
đưa tiễn

7

スマホを**持ち歩く**
も ある
walk around with
cầm theo

飲み物を**持ち込む**
の もの も こ
bring in
mang vào

パソコンを**持ち運ぶ**
も はこ
carry
mang vác

確認ドリル

① 本が好きなので、いつも（ a. 持ち歩いて　b. 持ち運んで ）います。
ほん す　　　　　　　　　　　も　ある　　　　　も　はこ

② 父は、駅までお客さんを（ a. 出迎え　b. 出会い ）に行った。
ちち　えき　　きゃく　　　　　で むか　　　　で あ　　　い

③ お店の予約を（ a. 取り消さ　b. 取り出さ ）なければならない。
みせ よやく　　　　と け　　　　　と だ

④ すみません、用事を（ a. 思いついた　b. 思い出した ）ので、帰ります。
ようじ　　　　おも　　　　　　おも だ　　　　　　かえ

⑤ 手紙の最後に、メールアドレスを（ a. 書き足して　b. 書き取って ）おいた。
て がみ さいご　　　　　　　　　　　　か た　　　　　　か と

⑥ 会場内に食べ物を（ a. 持ち込まないで　b. 持ち出さないで ）ください。
かいじょうない た もの　　　　も こ　　　　　　　　も だ

⑦ ホテルの部屋から（ a. 見下げた　b. 見下ろした ）景色はとてもきれいでした。
へ や　　　　　　み さ　　　　　み お　　　　　けしき

⑧ いいアイデアが（ a. 思いきった　b. 思いついた ）のでメモしておいた。
おも　　　　　　　おも

⑨ 空を（ a. 見上がる　b. 見上げる ）と、星がたくさん出ていた。
そら　　　　み あ　　　　み あ　　　　　ほし　　　　　で

⑩ 電車に（ a. 遅れ乗って　b. 乗り遅れて ）相手を待たせてしまった。
でんしゃ　　　おく の　　　　　の おく　　　あいて ま

4. する動詞（どうし）

Suru-Verbs ／ động từ する

1 弱いチームを**応援する**　to support　ủng hộ, cổ vũ

2 ９時から**外出する**　to go out　đi ra ngoài

3 世界で**活躍する**　to be active　hoạt động, làm việc

4 親に**感謝する**　to thank　biết ơn

5 彼の努力に**感心する**　to admire　cảm tâm, xúc động

6 映画を見て**感動する**　to be moved　cảm động

7 みんなで**協力する**　to cooperate　hợp lực, liên kết

8 大勢の前で**緊張する**　to be nervous　hồi hộp

9 病院で詳しく**検査する**　to inspect　kiểm tra

10 初めて見る景色に**興奮**する　to become excited　hưng phấn

11 パーティーに**参加する**　to participate　tham gia

12 たまに**残業する**　to work overtime　làm thêm

13 壊れた車を**修理する**　to repair　sửa chữa

14 来週、大阪に**出張する**　to go on a business trip　công tác

15 薬を**使用する**ときの注意　to use　sử dụng

16 立派な大人に**成長する**　to grow　trưởng thành

17 引き出しの中を**整理する**　to organize　sắp xếp

18 毎月１万円**貯金する**　to save　tiết kiệm tiền

19 注文を**追加する**　to add　thêm vào

20 レポートを**提出する**　to submit　nộp

21 新しい種類の魚を**発見する**　to discover　phát hiện

22 結果を**報告する**　to report　báo cáo

23 風邪を**予防する**　to prevent　dự phòng

24 コンビニを**利用する**　to use　sử dụng, dùng

確認ドリル

① 自転車が壊れたので（ a. 予防　b. 修理 ）してもらった。

② もうすぐ面接の順番が来ると思うと（ a. 緊張　b. 感動 ）してしまう。

③ 友達と（ a. 協力　b. 応援 ）して、一つの作品を作り上げた。

④ 子供たちは３年間で大きく（ a. 成長　b. 追加 ）した。

⑤ 紙コップを（ a. 使用して　b. 利用して ）おもちゃを作った。

⑥ 今日は（ a. 外出　b. 出張 ）しないで家にいるつもりだ。

⑦ 調査結果を（ a. 残業　b. 報告 ）しなければいけない。

⑧ 親に（ a. 感謝　b. 感心 ）の気持ちを伝えた。

⑨ パーティーに（ a. 参加　b. 追加 ）する人はメールしてください。

⑩ 風邪を（ a. 検査　b. 予防 ）するために、マスクをしている。

5. いろいろな意味のある動詞 Verbs with Multiple Meanings／Động từ nhiều nghĩa
い み　　　　どうし

1 ある

近くにコンビニが**ある** ちか	there is a convenience store có cửa hàng tiện ích	彼には経験が**ある** かれ　けいけん	have experience có kinh nghiệm
9月にお祭りが**ある** がつ　まつ	a festival is held có lễ hội	昨日から熱が**ある** きのう　ねつ	have a fever bị sốt
午後は予定が**ある** ご ご　よ てい	have plans có dự định	失敗の可能性が**ある** しっぱい　か のうせい	there is a possibility có khả năng
少し時間が**ある** すこ　じ かん	have time có thời gian	さまざまな意見が**ある** い けん	have an opinion có ý kiến
たくさんお金が**ある** かね	have money có tiền		

2 かける

かぎを**かける**	lock a lock khóa cửa	しょうゆを**かける**	pour on soy sauce rưới (chan) nước tương
電話を**かける** でん わ	call on the phone gọi điện thoại	壁に時計を**かける** かべ　と けい	hang a clock on the wall treo đồng hồ lên tường
人に迷惑を**かける** ひと　めいわく	cause trouble gây phiền hà		

3 する

ケンカを**する**	to fight cãi cọ	部屋をきれいに**する** へ や	to tidy up làm sạch
けがを**する**	to be injured bị thương	音・におい・味が**する** おと　　　　　あじ	make a noise / make a smell / have a taste có âm thanh, có mùi, có vị
指輪を**する** ゆび わ	to wear a ring đeo nhẫn		

4 取る
と

100点を**とる** てん	get a score of 100 được 100 điểm	年を**とる** とし	to age thêm tuổi, già đi
メモを**とる**	take notes ghi chép	休みを**とる** やす	take a break lấy nghỉ phép
許可を**とる** きょ か	get permission xin phép	しょうゆを**とる**	produce soy sauce làm nước tương

5 出る
で

授業に**出る** じゅぎょう　で	go to class tham gia giờ học	宿題が**出る** しゅくだい　で	have homework assigned có bài tập
有名な大学を**出る** ゆうめい　だいがく　で	graduate tốt nghiệp đại học	8時に家を**出る** じ　いえ　で	leave home ra khỏi nhà
かぜで熱が**出る** ねつ　で	get a fever phát sốt		

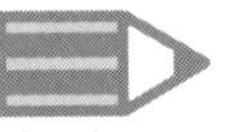

確認ドリル

① 東京まで、飛行機で2時間くらい（ a. かかります　b. とります　c. 出ます ）。
とうきょう　ひ こう き　じ かん　　　　　　　　　　　　　　　　　　　　　　　で

② テーブルの上をきれいに（ a. とって　b. あって　c. して ）、花を飾った。
うえ　　　　　　　　　　　　　　　　　　　　　　　　はな　かざ

③ 熱が（ a. した　b. 出た　c. 出した ）ので、今日は学校を休もうと思う。
ねつ　　　　　　で　　　　だ　　　　　　きょう　がっこう　やす　　おも

④ 部長の許可を（ a. あって　b. とって　c. できて ）、3日間休みを（ a. とる　b. する
ぶ ちょう きょ か　　　　　　　　　　　　　　　　　　　　みっ か かんやす
　c. 出す ）つもりだ。
だ

⑤ ん？　何か、変なにおいが（ a. つける　b. できる　c. する ）ね。
なん　へん

⑥ バスが来るまでまだ時間が（ a. ある　b. できる　c. 出る ）から、ちょっとコンビ
く　　　　　　じ かん　　　　　　　　　　　　で
　ニに入ろう。
はい

⑦ 大学を（ a. 出たら　b. あったら　c. とったら ）、国に帰って通訳の仕事をしたい。
だいがく　で　　　　　　　　　　　　　　　　　くに　かえ　つうやく　し ごと

⑧ 30分も遅刻したので、みんなに迷惑を（ a. かけて　b. つけて　c. して ）しまった。
ぶん　ち こく　　　　　　　　　　　　めいわく

6. い形容詞
けいようし

I-adjectives ／ Tính từ い

1	金持ちがうらやましい（かね も）	jealous / ghen tị	11	細かい説明（こま／せつめい） — detailed / chi tiết
2	偉い先生（えら／せんせい）	outstanding / có quyền	12	怖い話（こわ／はなし） — scary / sợ
3	幼い子供（おさな／こども）	young / thơ dại	13	親しい友人（した／ゆうじん） — familiar / thân thiết
4	大人しい性格（おとな／せいかく）	well-behaved / chững chạc	14	つまらない番組（ばんぐみ） — boring / dở, chán
5	かっこいい車（くるま）	cool / phong độ	15	つらい出来事（で きごと） — difficult / khó khăn
6	背中がかゆい（せ なか）	itchy / ngứa	16	なつかしい歌（うた） — nostalgic / nhớ
7	臭い魚（くさ／さかな）	smelly / thối	17	激しい雨（はげ／あめ） — violent; strong / mạnh, khốc liệt
8	くだらない映画（えい が）	boring / vớ vẩn	18	恥ずかしい経験（は／けいけん） — embarrassing / xấu hổ
9	胸が苦しい（むね／くる）	painful / khó khăn	19	ひどい結果（けっ か） — awful / tồi tệ
10	詳しい資料（くわ／しりょう）	detailed / rõ ràng	20	貧しい生活（まず／せいかつ） — poor / nghèo khó

確認ドリル

① 目が（ a. かゆい　 b. 臭い　 c. 苦しい ）。
（め／くさ／くる）

② 故郷＊が（ a. くだらない　 b. うらやましい　 c. なつかしい ）。
（こ きょう）
＊故郷 hometown ／ quê hương（こ きょう）

③ 急に走ったので、胸＊が（ a. かゆい　 b. 激しい　 c. 苦しい ）。 ＊胸 chest ／ ngực
（きゅう／はし／むね／はげ／くる／むね）

④ 私は高いところが（ a. 怖い　 b. つらい　 c. ひどい ）。
（わたし／たか／こわ）

⑤ （ a. 大人しい　 b. 激しい　 c. 貧しい ）風が吹いている。
（おとな／はげ／まず／かぜ／ふ）

⑥ 私はあの人と（ a. 親しい　 b. 詳しい　 c. 苦しい ）。
（わたし／ひと／した／くわ／くる）

⑦ 恋人のいる人が（ a. 恥ずかしい　 b. うらやましい　 c. なつかしい ）。
（こいびと／ひと／は）

⑧ この学校は（ a. 親しい　 b. 細かい　 c. 偉い ）規則が多い。
（がっこう／した／こま／えら／き そく／おお）

⑨ 彼は背が高くて（ a. つまらない　 b. なつかしい　 c. かっこいい ）。
（かれ／せ／たか）

⑩ 子供のころ、家が（ a. 貧しかった　 b. 怖かった　 c. 激しかった ）。
（こ ども／いえ／まず／こわ／はげ）

7. な形容詞
けいようし

NA-adjectives ／ Tính từ な

1 あいまいな言い方 いかた	vague	ỡm ờ, nửa vời
2 意外な結果 いがい けっか	unexpected	không ngờ
3 おしゃれな服 ふく	stylish	(trang phục) diện, đẹp
4 勝手な行動 かって こうどう	selfish	tự tiện
5 高価な時計 こうか とけい	expensive	đắt tiền
6 国際的な仕事 こくさいてき しごと	international	tính quốc tế
7 正直な感想 しょうじき かんそう	honest	thẳng thắn
8 丈夫なかばん じょうぶ	sturdy	chắc chắn
9 真剣な態度 しんけん たいど	serious	nghiêm túc
10 退屈な授業 たいくつ じゅぎょう	boring	buồn tẻ
11 大切な写真 たいせつ しゃしん	important	quan trọng
12 丁寧な説明 ていねい せつめい	polite	cẩn thận, chu đáo
13 熱心な指導 ねっしん しどう	passionate	nhiệt tình
14 不安な毎日 ふあん まいにち	uneasy	bất an
15 不思議な話 ふしぎ はなし	strange	kì lạ
16 無駄な努力 むだ どりょく	pointless	vô ích
17 面倒な手続き めんどう てつづ	troublesome	phiền toái
18 豊かな自然 ゆた しぜん	abundant	phong phú
19 楽な仕事 らく しごと	fun	nhẹ nhàng
20 わがままな性格 せいかく	selfish	bướng bỉnh

確認ドリル

① （ a.面倒　b.勝手　c.意外 ）に使わないでください。
　　めんどう　　かって　　いがい　　　　　つか

② ここの店員はいつも（ a.丁寧　b.高価　c.丈夫 ）に話す。
　　てんいん　　　　　　ていねい　こうか　じょうぶ　　はな

③ みんな（ a.不思議　b.熱心　c.面倒 ）に練習している。
　　　　　ふしぎ　　ねっしん　めんどう　　れんしゅう

④ もっと将来について（ a.面倒　b.豊か　c.真剣 ）に考えましょう。
　　　しょうらい　　　　　めんどう　ゆた　しんけん　かんが

⑤ （ a.おしゃれ　b.わがまま　c.あいまい ）な眼鏡ですね。
　　　　　　　　　　　　　　　　　　　　　　めがね

⑥ （ a.豊か　b.丈夫　c.高価 ）なプレゼントをもらって、驚いた。
　　　ゆた　じょうぶ　こうか　　　　　　　　　　　　　　おどろ

⑦ （ a.退屈　b.高価　c.面倒 ）な映画だった。
　　　たいくつ　こうか　めんどう　　えいが

⑧ 家が近いので通勤が（ a.勝手　b.楽　c.熱心 ）だ。
　　いえ　ちか　　　つうきん　かって　らく　ねっしん

⑨ 知っていることを（ a.正直　b.不安　c.面倒 ）に話した。
　　し　　　　　　　しょうじき　ふあん　めんどう　はな

⑩ （ a.丈夫　b.丁寧　c.国際的 ）な活動に参加した。
　　　じょうぶ　ていねい　こくさいてき　　かつどう　さんか

8. 対義語①
たいぎご

Antonyms ①／ Từ trái nghĩa ①

20 歳**以上** さい　い じょう	~ and over trên ~	
19 歳**以下** さい　い か	~ and under dưới ~	
雑誌の**表** ざっし　おもて	front mặt trước, mặt phải	
雑誌の**裏** ざっし　うら	back mặt sau, mặt trái	
失敗の**原因** しっぱい　げんいん	cause nguyên nhân	
試験の**結果** しけん　けっか	effect kết quả	
会社の**上司** かいしゃ　じょうし	boss cấp trên	
会社の**部下** かいしゃ　ぶか	subordinate cấp dưới	
大学の**先輩** だいがく　せんぱい	senior đàn anh	
大学の**後輩** だいがく　こうはい	junior đàn em	

出発の時間 しゅっぱつ　じかん	to leave xuất phát
到着の時間 とうちゃく　じかん	to arrive đến nơi
未来の夢 みらい　ゆめ	future tương lai
過去の経験 かこ　けいけん	past quá khứ
厳しい規則 きび　きそく	harsh nghiêm khắc
優しい先生 やさ　せんせい	kind dễ tính
安全な場所 あんぜん　ばしょ	safe an toàn
危険な場所 きけん　ばしょ	dangerous nguy hiểm
簡単な説明 かんたん　せつめい	simple đơn giản
複雑な説明 ふくざつ　せつめい	complex phức tạp

積極的な性格 せっきょくてき　せいかく	active tích cực
消極的な性格 しょうきょくてき　せいかく	passive tiêu cực
満足を感じる まんぞく　かん	satisfied thỏa mãn, hài lòng
不満を感じる ふまん　かん	dissatisfied bất mãn

確認ドリル

① （ a. 過去　b. 未来 ）の失敗を思い出してしまう。
かこ　みらい　しっぱい　おも　だ

② 火事の（ a. 結果　b. 原因 ）は何ですか。
かじ　けっか　げんいん　なん

③ 会議では（ a. 積極的　b. 消極的 ）に意見を言ってください。
かいぎ　せっきょくてき　しょうきょくてき　いけん　い

④ 何か問題が起きたときは、（ a. 部下　b. 上司 ）に相談してください。
なに　もんだい　お　ぶか　じょうし　そうだん

⑤ 20 歳（ a. 以下　b. 以上 ）の人はお酒が飲めます。
さい　いか　いじょう　ひと　さけ　の

⑥ 母はとても（ a. 厳しく　b. 優しく ）、毎日手伝いをさせられた。
はは　きび　やさ　まいにち て つだ

⑦ 今の仕事に（ a. 不満　b. 満足 ）がある。
いま　しごと　ふまん　まんぞく

⑧ （ a. 簡単　b. 複雑 ）なクイズに答えるだけで OK です。
かんたん　ふくざつ　こた

9. 対義語 ②
たい ぎ ご

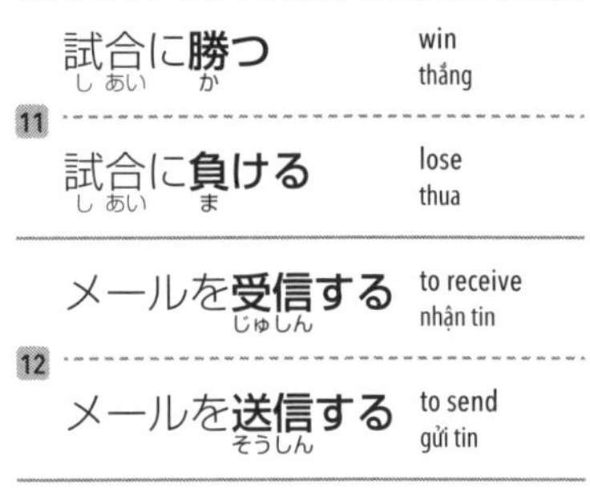

1 親切な店員 / kind, thân thiện 不親切な店員 / unkind, không thân thiện	**6** 得意な科目 / specialty, giỏi 苦手な科目 / weakness, kém	**11** 試合に勝つ / win, thắng 試合に負ける / lose, thua
2 可能な方法 / possible, khả quan 不可能な方法 / impossible, không khả quan	**7** 授業を開始する / to begin, bắt đầu 授業が終了する / to end, kết thúc	**12** メールを受信する / to receive, nhận tin メールを送信する / to send, gửi tin
3 真面目な人 / serious, ngoan ngoãn 不真面目な人 / frivolous, bất hảo	**8** 意見に賛成する / to agree, tán thành 意見に反対する / to oppose, phản đối	
4 幸せになる / happy, hạnh phúc 不幸になる / unhappy, bất hạnh	**9** 授業に出席する / to attend, tham dự 授業を欠席する / to miss, vắng mặt	
5 得をする / gain, lãi, được lợi 損をする / loss, thiệt, mất	**10** 仕事で成功する / to succeed, thành công 仕事で失敗する / to fail, thất bại	

確認ドリル

① （ a. 真面目　b. 不真面目 ）に勉強したら、大学に合格できるでしょう。

② 母は料理が（ a. 苦手　b. 得意 ）で、何でも作れる。

③ 試合に（ a. 負けて　b. 勝って ）うれしい。

④ （ a. 可能　b. 不可能 ）なら、仕事を 1 か月休みたい。

⑤ 高い値段で買って（ a. 得　b. 損 ）をした。

⑥ 30 分で会議が（ a. 開始　b. 終了 ）した。

⑦ 経営に（ a. 成功　b. 失敗 ）して、会社が倒産した。

⑧ 急な用事ができたので、食事会を（ a. 出席　b. 欠席 ）した。

10. 副詞（ふくし）

Adverbs ／ Phụ từ

1　あっという間に終わった。
in no time at all
trong nháy mắt

2　知らない人にいきなり名前を呼ばれた。
suddenly
đột nhiên

3　いつの間にか眠っていた。
before realizing it
từ khi nào

4　おそらく彼は先生だろう。
probably
có lẽ

5　高い物が必ずしもいいものではない。
necessarily
không hẳn

6　明日はきっと晴れるだろう。
surely
chắc

7　今日のことは決して忘れない。
never ～
quyết không ～

8　実は来月結婚します。
truthfully
chẳng là…, thực ra …

9　しばらく会社を休みます。
a while
một thời gian

10　ずいぶん詳しいね。
fairly
khá là

11　少しもおもしろくない。
not ～ at all
chẳng … chút nào

12　そろそろ失礼します。
pretty soon
chuẩn bị

13　だいぶ暖かくなった。
very
khá, nhiều

14　たまに外で食べます。
occasionally
họa hoằn

15　つい忘れてしまった。
ultimately
chẳng may

16　できれば参加してください。
if possible
cố gắng

17　なるべく早く来てください。
as ～ as possible
cố gắng

18　もしかすると病気かもしれない。
possibly
có lẽ nào, chắc là

19　やっと仕事が終わった。
finally
cuối cùng cũng …

20　やはり負けてしまった。
after all
đúng là

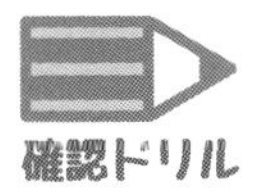

確認ドリル

① （ a. おそらく　b. いきなり　c. しばらく ）まだ誰も来ていないだろう。

② （ a. だいぶ　b. なるべく　c. つい ）涼しくなってきた。

③ （ a. 実は　b. いつの間にか　c. たまに ）映画を見に行く。

④ （ a. つい　b. やはり　c. 少しも ）旅行はやめよう。

⑤ （ a. できれば　b. なるべく　c. しばらく ）両親に会っていない。

⑥ （ a. あっという間に　b. ずいぶん　c. もしかすると ）正月休みが終わった。

⑦ 彼は（ a. 必ずしも　b. やっと　c. 決して ）仕事を休まない。

⑧ （ a. だいぶ　b. つい　c. そろそろ ）名前を間違えてしまった。

⑨ （ a. ずいぶん　b. 実は　c. たまに ）彼女と別れたんです。

⑩ この料理は（ a. きっと　b. 必ずしも　c. 少しも ）辛いだろう。

11. 擬音語・擬態語　Onomatopoeias and Mimetic Words ／ Từ tượng thanh, từ tượng hình
ぎ おん ご　　 ぎ たい ご

1	バスが来なくて、**いらいら**する。 こ	annoyed sốt ruột
2	**きちんと**片づけてください。 かた	properly cẩn thận
3	**ぎりぎり**間に合った。 ま あ	barely suýt soát
4	ゆうべは**ぐっすり**寝られた。 ね	soundly say sưa (ngủ)
5	**しっかり**確認してください。 かくにん	solidly kĩ càng, cẩn thận
6	その問題を**じっくり**考えた。 もんだい かんが	thoroughly thấu đáo
7	駅前が**すっかり**変わった。 えきまえ か	completely hoàn toàn
8	弟は声が父に**そっくり**だ。 おとうと こえ ちち	exactly (like) giống hệt
9	紅茶にミルクを**たっぷり**入れます。 こうちゃ い	plenty đầy ắp, nhiều
10	遅れるときは、**ちゃんと**連絡してください。 おく れんらく	perfectly cẩn thận, chu đáo

11	緊張して胸が**どきどき**する。 きんちょう むね	pitter-patter hồi hộp
12	息子は**どんどん**背が高くなっている。 むすこ せ たか	more and more ầm ầm (chỉ trạng thái của sự việc diễn ra nhanh)
13	あの人はいつも**にこにこ**している。 ひと	grinning tủm tỉm
14	**のんびり**旅行したい。 りょこう	comfortably thư thái, thong thả
15	資料が**ばらばら**になった。 しりょう	separate lộn xộn
16	このくつは私の足に**ぴったり**だ。 わたし あし	exactly vừa khít
17	お腹が**ぺこぺこ**だ。 なか	hungry đói meo
	ぺこぺこ頭を下げたくない。 あたま さ	kowtow; bow repeatedly cúi đầu lạy lục
18	彼は英語が**ぺらぺら**だ。 かれ えいご	fluent nói trôi chảy
19	くつが**ぼろぼろ**になってきた。	ragged cũ rích
20	部屋の中が**めちゃくちゃ**だ。 へ や なか	messy lộn xộn, không quy củ
	めちゃくちゃおいしい。	very rất, vô cùng

① あの人は日本語が（ a. ぺこぺこ　b. ぼろぼろ　c. ぺらぺら ）だ。
　 ひと　 に ほん ご

② 時間があるので、（ a. ぐっすり　b. じっくり　c. そっくり ）調べようと思う。
　 じ かん　　　　　　　　　　　　　　　　　　　　　　　　　　　　　しら　　　 おも

③ 大切な話なので、（ a. そっくり　b. すっかり　c. しっかり ）聞いてください。
　 たいせつ はなし　　　　　　　　　　　　　　　　　　　　　　　　き

④ 家賃は毎月、（ a. きちんと　b. すっかり　c. たっぷり ）払っています。
　 や ちん まいつき　　　　　　　　　　　　　　　　　　　　　　はら

⑤ 大勢の前で話すので、（ a. ぎりぎり　b. どんどん　c. どきどき ）する。
　 おおぜい まえ はな

⑥ あの兄弟は顔が（ a. そっくり　b. しっかり　c. ぐっすり ）だ。
　 きょうだい かお

⑦ 友達との約束を（ a. ちゃんと　b. すっかり　c. ぴったり ）忘れていた。
　 ともだち やくそく　　　　　　　　　　　　　　　　　　　　　　　わす

⑧ このかばんはもう（ a. ぼろぼろ　b. ばらばら　c. ぎりぎり ）だ。

⑨ 時間はまだ（ a. じっくり　b. そっくり　c. たっぷり ）ある。
　 じ かん

⑩ 道が込んでいて、（ a. にこにこ　b. いらいら　c. めちゃくちゃ ）する。
　 みち こ

12. カタカナ語①

1	おもしろい**アイディア**	idea ý tưởng, ý kiến
2	先輩の**アドバイス**	advice lời khuyên
3	**アンケート**に答える	survey điều tra
4	にぎやかな**イベント**	event sự kiện
5	日本人の**イメージ**	image hình ảnh
6	**エネルギー**問題	energy năng lượng
7	商品の**カタログ**	catalog ca-ta-lốc
8	**カラー**の写真	color ảnh màu
9	**カロリー**が高い	calorie calori
10	予約を**キャンセル**する	cancel hủy
11	**コミュニケーション**能力	communication giao tiếp
12	**サービス**のいい店	service phục vụ
13	M**サイズ**の服	size kích cỡ
14	**シンプル**な方法	simple đơn giản
15	**ストレス**がたまる	stress căng thẳng
16	十分な**スペース**	space không gian
17	**セット**で注文する	set set, suất
18	**ダイエット**を始める	diet ăn kiêng
19	部屋の**タイプ**	type loại, chủng loại
20	**チャンス**がある	change cơ hội

確認ドリル

① 「私は紅茶とアイス」
「じゃ、私はケーキとコーヒーの（ a. セット　b. イメージ　c. タイプ ）にする」

② 仕事が入ったから、食事は（ a. イメージ　b. キャンセル　c. ダイエット ）した

③ 太りすぎなので、（ a. カロリー　b. カラー　c. カタログ ）が高いものは食べません。

④ 部屋の（ a. サービス　b. チャンス　c. スペース ）が狭くて、ソファーは置けない。

⑤ （ a. イメージ　b. コミュニケーション　c. チャンス ）があれば、いつか留学したい。

⑥ どうしたらいいか、わからないんです。何か、いい（ a. アイディア　b. エネルギー　c. イメージ ）はありませんか。

⑦ 仕事がすごく忙しくて、（ a. ストレス　b. タイプ　c. カロリー ）がたまっています。

⑧ 田中さんに仕事の相談をされたので、少し（ a. イメージ　b. アドバイス　c. キャンセル ）をした。

⑨ こちらは、掃除が楽な（ a. カラー　b. タイプ　c. アンケート ）の商品です。

⑩ 駅前の広場 * で、何か楽しそうな（ a. アイディア　b. カロリー　c. イベント ）をやっていた。　＊広場 plaza ／ quảng trường

13. カタカナ語②
ご

Katakana Words ②／Từ katakana ②

1 データを集める あつ	data dữ liệu
2 レポートの**テーマ**	theme tiêu đề
3 かわいい**デザイン**	design thiết kế
4 **トラブル**が起こる お	trouble rắc rối, phiền hà
5 （インター）**ネット**で調べる しら	Internet mạng (internet)
6 食事の**バランス** しょく じ	balance cân bằng
7 旅行の**パンフレット** りょこう	pamphlet tờ rơi quảng cáo
8 **ビジネス**の場面 ば めん	business thương mại
9 書類を**プリント**する しょるい	to print in ấn
10 **ペット**を飼う か	pet vật nuôi
11 作り方の**ポイント** つく　かた	(important) point điểm, điểm lưu ý
12 **ポスター**を貼る は	poster áp phích
13 **ボランティア**活動 かつどう	volunteer tình nguyện
14 仕事の**ミス** し ごと	mistake lỗi, sai sót
15 **メッセージ**を書く か	message tin nhắn, lời nhắn
16 チームの**リーダー**	leader người phụ trách, dẫn đầu
17 紙の**リサイクル** かみ	recycle tái sử dụng
18 部屋で**リラックス**する へ や	to relax thư giãn
19 **ルール**を守る まも	rules quy tắc
20 日本語の**レベル** に ほん ご	level cấp độ

確認ドリル

① 栄養＊の（ a. データ　b. バランス　c. レベル ）を考えて、食事をしましょう。
えいよう　　　　　　　　　　　　　　　　　　　　　　　かんが　　　しょく じ
＊栄養 nutrition ／ dinh dưỡng
えいよう

② 仕事で（ a. ルール　b. トラブル　c. ミス ）をしてしまって、部長に叱られた。
し ごと　　　　　　　　　　　　　　　　　　　　　　　　　ぶ ちょう　しか

③「あそこでケンカしているね」
「何か、（ a. ビジネス　b. リーダー　c. トラブル ）があったんだ」
なに

④ 休みの日は、部屋で（ a. リラックス　b. リサイクル　c. ボランティア ）して過ご
やす　 ひ　　 へ や　　　　　　　　　　　　　　　　　　　　　　　　　　　　　　 す
すことが多いです。
おお

⑤ きのうの写真の（ a. レベル　b. データ　c. ビジネス ）、メールで送ってくれる？
しゃしん　　　　　　　　　　　　　　　　　　　　　　　　おく

⑥「そのかばん、かわいいね」
「ありがとう。（ a. デザイン　b. ルール　c. レベル ）が気に入って買ったんだ」
き い　 か

⑦ 私のレポートの（ a. レベル　b. ペット　c. テーマ ）は、「日本と中国の経済」です。
わたし　　　　　　　　　　　　　　　　　　　　　　　に ほん　ちゅうごく　けいざい

⑧ 学生の間は、学校で決められた（ a. ポスター　b. ルール　c. ビジネス ）を守らな
がくせい　あいだ　　がっこう　き　　　　　　　　　　　　　　　　　　　　　　　　　　　 まも
ければ＊なりません。　　＊守る protect; respect ／ bảo vệ
まも

⑨ これをきれいに貼る＊には、（ a. ペット　b. ネット　c. ポイント ）があるんですよ。
は
＊貼る affix ／ dán
は

⑩ 月に一度、友人たちと公園のゴミを拾う（ a. ビジネス　b. ボランティア　c. メッセージ ）
つき　いち ど　ゆうじん　　　こうえん　　　 ひろ
活動をしています。
かつどう

Part2
実戦ドリル
文法

Practical Drill – Grammar
Bài tập thực tế, từ vựng – Ngữ pháp

第1回～第15回

テーマ別ミニ特訓講座
Mini-Courses Based on Themes
Khóa học mini theo chủ đề

1. 助詞①
2. 助詞②
3. 接続表現①
4. 接続表現②
5. 受身・使役・使役受身
6. 文末表現
7. 敬語①～尊敬語
8. 敬語②～謙譲語
9. 敬語③～丁寧語・美化語
10. 敬語④～まとめ

第1回
だい　　かい

12分　　　　/13

問題1
もんだい　　つぎの文の（　　）に入れるのに最もよいものを、1・2・3・4から一つえらびなさい。
ぶん　　　　い　　　　もっと　　　　　　　　　　　ひと

❶ 先週は残業が続いた（　　　　　）週末も出勤したので、とても疲れた。
せんしゅう　ざんぎょう　つづ　　　　　　しゅうまつ　しゅっきん　　　　　つか

　　1　ままに　　　　　　2　うえに　　　　　　3　ために　　　　　　4　さらに

❷ 間違えて、作り（　　　　　）の資料のデータを削除してしまった。
まちが　　　つく　　　　　　　しりょう　　　さくじょ

　　1　かけ　　　　　　　2　ながら　　　　　　3　最中　　　　　　　4　際
　　　　　　　　　　　　　　　　　　　　　さいちゅう　　　　　　さい

❸ 今日は8月に（　　　　　）、気温が低い一日だった。
きょう　　がつ　　　　　　　き おん　ひく

　　1　わりに　　　　　　2　からといって　　　3　反して　　　　　　4　しては
　　　　　　　　　　　　　　　　　　　　　　はん

❹ このパン屋は大人気で、さっき開店（　　　　　）ばかりなのに、もう売り切れているものがある。
や　だいにんき　　　　　　かいてん　　　　　　　　　　　　　　　う　き

　　1　した　　　　　　　2　して　　　　　　　3　する　　　　　　　4　している

❺ 私の会社の社員食堂は、曜日に（　　　　　）メニューが変わります。
わたし　かいしゃ　しゃいんしょくどう　よう び　　　　　　　　　　　　　か

　　1　とって　　　　　　2　つれて　　　　　　3　よって　　　　　　4　おいて

❻ お客「すみません、ちょっとここに荷物を（　　　　　）いただいてもよろしいでしょうか。」
きゃく　　　　　　　　　　　　　　　に もつ
　　店員「はい、どうぞ。」
　　てんいん

　　1　置いて　　　　　　2　置かせて　　　　　3　置かれて　　　　　4　置けて
　　　お　　　　　　　　　　お　　　　　　　　　お　　　　　　　　　お

問題2
もんだい　　つぎの文の＿＿★＿＿に入る最もよいものを、1・2・3・4から一つえらびなさい。
ぶん　　　　　はい　もっと　　　　　　　　　　ひと

❶ 100万円 ＿＿＿ ＿＿＿ ＿★＿ ＿＿＿ と思わない。
まんえん　　　　　　　　　　　　　　　　　おも

　　1　ほしい　　　　　　2　かばんなんて　　　3　少しも　　　　　　4　もする
　　　　　　　　　　　　　　　　　　　　　　すこ

❷ この文章は、日本語が ＿＿＿ ＿＿＿ ＿★＿ ＿＿＿ 理解できないだろう。
ぶんしょう　　にほんご　　　　　　　　　　　　　　　　　り かい

　　1　じゃないと　　　　2　かなり　　　　　　3　人　　　　　　　　4　できる
　　　　　　　　　　　　　　　　　　　　　　ひと

問題3　つぎの文章を読んで、文章全体の内容を考えて、□から□の中に入る最もよいものを、1・2・3・4から一つえらびなさい。

新しい言葉を覚えるとき

　新しい言葉や漢字を覚えるとき、どうしていますか。これから、覚えるのが苦手な人でも簡単に　❶　、ポイントを紹介します。まず、何かを覚えるときは、頭の中に　❷　たくさんの刺激を与えるようにします。例えば、新しい言葉を覚えるとき、ただ教科書を見るだけではなく、声を出して読んで、紙に書いて覚えたほうがしっかりと覚えられます。　❸　、目に加えて、口、耳、手も同時に刺激することになるからです。お互いにボールを投げ合いながら、新しい言葉を覚えるのも、体のいろいろな部分を刺激するので、　❹　。そして、新しいことを覚えたあとは、よく眠ってください。寝ると忘れてしまうかもしれないと　❺　ですが、そんなことはありません。人間の頭は、寝ている間に覚えたことがしっかりと記録されるようになっているのです。

❶　1　覚えられるほど　　　　　　　　　　2　覚えさせるまで
　　3　覚えさせるには　　　　　　　　　　4　覚えられるように

❷　1　したがって　　　2　できるだけ　　　3　たいして　　　4　するだけ

❸　1　そのうえ　　　　2　または　　　　　3　ただし　　　　4　なぜなら

❹　1　あまり効果がありません　　　　　　2　非常に効果的です
　　3　少し体に悪いです　　　　　　　　　4　とても健康的です

❺　1　思われがち　　　2　考えたばかり　　3　言うにすぎない　　4　話されたとおり

第7回
だい　　かい

⏱ 12分　／13

問題1　つぎの文の（　　　）に入れるのに最もよいものを、1・2・3・4から一つえらびなさい。
もんだい　　　　ぶん　　　　い　　　　　もっと　　　　　　　　　　　　　　　　　　　　　ひと

❶ あの人が嫌いな（　　　　）んですが、ちょっと苦手なんです。
　 ひと　きら　　　　　　　　　　　　　　　　　　　にがて

　　1　わけがない　　　　　　　　　　　　2　わけな
　　3　わけじゃない　　　　　　　　　　　4　わけにはいかない

❷ 恋人から指輪をもらって、（　　　　）ならない。
　 こいびと　ゆびわ

　　1　うれしくて　　　　2　うれしくなければ　　3　うれしくなく　　　4　うれしく

❸ 大切なものをなくして、どんなにつらかった（　　　　）。
　 たいせつ

　　1　ことだ　　　　　2　はずだ　　　　　3　ものか　　　　4　ことか

❹ すみません。ちょっと電話を（　　　　）ませんか。
　　　　　　　　　　　　　でんわ

　　1　使われていただけ　　　　　　　　　2　使わせていただき
　　　つか　　　　　　　　　　　　　　　　　つか
　　3　使わせていただけ　　　　　　　　　4　使われていただき
　　　つか　　　　　　　　　　　　　　　　　つか

❺ レポートは必ず今日の5時（　　　　）出してください。
　　　　　　　かなら　きょう　じ　　　　　　だ

　　1　だけ　　　　　2　まで　　　　　3　だけに　　　　4　までに

❻ （　　　　）でさえできる問題に答えられなかった。
　　　　　　　　　　　　　もんだい　こた

　　1　大人　　　　2　子ども　　　　3　先生　　　　4　男女
　　　おとな　　　　こ　　　　　　　　　せんせい　　　　だんじょ

問題2　つぎの文の＿★＿に入る最もよいものを、1・2・3・4から一つえらびなさい。
もんだい　　　　ぶん　　　　　はい　もっと　　　　　　　　　　　　　　　ひと

❶ ここで ＿＿＿ ＿＿＿ ＿★＿ ＿＿＿ と思います。
　　　　　　　　　　　　　　　　　　　　　　　　おも

　　1　忘れない　　　2　決して　　　3　二年間は　　　4　過ごした
　　　わす　　　　　　　けっ　　　　　に ねんかん　　　　す

❷ 授業中に ＿＿＿ ＿＿＿ ＿★＿ ＿＿＿ 先生に見られてしまった。
　 じゅぎょうちゅう　　　　　　　　　　　　　　　　　　せんせい　み

　　1　書いて　　　　2　ところを　　　3　手紙を　　　4　いる
　　　か　　　　　　　　　　　　　　　てがみ

問題3 つぎの文章を読んで、文章全体の内容を考えて、☐から☐の中に入る最もよいものを、1・2・3・4から一つえらびなさい。

働き方と休み方

　日本人は働きすぎだとよく言われている。では、日本の祝日は世界の国々　**❶**　少ないのだろうか。実際に調べてみたら、1年間の祝日の数は合計16日で、世界で6番目に多いことがわかった。祝日が最も多い国で18日なので、日本は休日が　**❷**　ようだ。では、なぜ働きすぎになってしまうのか。その理由は、有給休暇の数の違いにあるらしい。祝日が少ないヨーロッパなどでは、バカンスを取ることが法律で決められていて、長期間、仕事を休んでリフレッシュできるようになっている。その分、　**❸**　というわけだ。　**❹**　、日本の場合、有給休暇が少ないうえに、気軽に取れないと感じている人が多い。「周りが働いているのに　**❺**　。」とか、「休みをとると仕事がたまるから休めない。」と言う人も多い。バカンスがある国のように、一定の期間、みんなが休むのが普通のことになればいいと思う。

❶　1　に加えて　　　　2　に反して　　　　　3　に関して　　　　　4　に比べて

❷　1　少ないわけではない　　　　　　　　2　少ないものではない
　　3　多いにすぎない　　　　　　　　　　4　多いのも当然の

❸　1　もっと休みがほしいと言われる　　　2　安心して働けない
　　3　集中して仕事に取り組める　　　　　4　もっと働きたいと思う

❹　1　ただし　　　　　　2　一方　　　　　　3　次に　　　　　　　4　つまり

❺　1　自分も働くことにする　　　　　　　2　自分だけ休むわけにはいかない
　　3　自分は休ませてほしい　　　　　　　4　自分が休むしかない

第8回
だい　　かい

⏱ 12分　　/13

　つぎの文の（　　　）に入れるのに最もよいものを、1・2・3・4から一つえらびなさい。

❶ 医者に（　　　　）ために、医学部に入った。
いしゃ　　　　　　　　　　　いがくぶ　　はい

　1　なれる　　　　　　2　なる　　　　　　3　なった　　　　　4　なりたい

❷ 田中さんは、この店に来る（　　　　）、ラーメンばかり注文する。
たなか　　　　　みせ　く　　　　　　　　　　　　　ちゅうもん

　1　たびに　　　　　　2　うちに　　　　　　3　までに　　　　　4　わりに

❸ A「あっ、かぎが（　　　　）よ。」
　B「すみません。ありがとうございます。」

　1　落としました　　　2　落とされました　　3　落ちました　　　4　落ちられました
　　お　　　　　　　　　　お　　　　　　　　　　お　　　　　　　　　お

❹ わたしは（　　　　）どんなことが起きても、この子たちを守ります。
　　　　　　　　　　　　　　　　　お　　　　　　　こ　　　　まも

　1　まったく　　　　　2　けっして　　　　　3　まるで　　　　　4　たとえ

❺ すみません。ハリ先生は（　　　　）か。
せんせい

　1　おられます　　　　　　　　　　　　2　おります
　3　いらっしゃいます　　　　　　　　　4　いらっしゃられます

❻ あの表情（　　　　）、かなり怒っているに違いない。
ひょうじょう　　　　　　　　おこ　　　　　　ちが

　1　にしては　　　　　2　からして　　　　　3　をもとに　　　　4　といえば

　つぎの文の__★__に入る最もよいものを、1・2・3・4から一つえらびなさい。

❶ そんな体の状態で運転すると、事故に ＿＿＿ ＿＿＿ ＿★＿ ＿＿＿ やめてください。
からだ じょうたい うんてん　　じこ

　1　かねない　　　　　2　ので　　　　　　3　なり　　　　　　4　絶対に
　　　　　　　　　　　　　　　　　　　　　　　　　　　　　　　ぜったい

❷ もし ＿＿＿ ＿＿＿ ＿★＿ ＿＿＿ 、何をしたいですか。
　　　　　　　　　　　　　　　　なに

　1　と　　　　　　　　2　当たった　　　　3　したら　　　　　4　百万円
　　　　　　　　　　　　あ　　　　　　　　　　　　　　　　　　ひゃくまんえん

問題3 つぎの文章を読んで、文章全体の内容を考えて、□から□の中に入る最もよいものを、1・2・3・4から一つえらびなさい。

マスク

　外国人が日本に来て驚くことの1つに、マスクをしている人の多さが挙げられる。普通、マスクをしている人を見たら、風邪をひいているか、その予防か、または、花粉症などだと思うだろう。しかし、最近、若者に増えているのが　❶　にマスクをつけるというものだ。具体的には、メイクをしていないときや、口のにおいを気にしているときなどに使う。　❷　、「マスクをしているおかげで目立たずに済む。」「自分の考えていることが　❸　。」など、人とのコミュニケーションを避けるためにマスクをする人も増えている。　❹　落ち着かないという症状は、自分に自信がないことや、強いコンプレックスを持っていることの表れだと言われている。マスクをすることが悪いというわけではないが、マスクがないと生活に問題が出る　❺　場合は、医師に相談するなどの注意が必要だ。

---

❶　1　風邪をひかないため　　　　　　　　2　オシャレに見せるため
　　3　自分の弱点を隠すため　　　　　　　4　周りの人と同じにするため

❷　1　しかし　　　　　2　また　　　　　　3　なぜなら　　　　4　つまり

❸　1　知られない　　　2　聞こえない　　　3　教えない　　　　4　気づかない

❹　1　マスクをすると　　　　　　　　　　2　マスクがなければ
　　3　マスクのままでは　　　　　　　　　4　マスクしかないと

❺　1　ための　　　　　2　からの　　　　　3　ような　　　　　4　そうな

第9回

12分　　/13

問題1　つぎの文の（　　）に入れるのに最もよいものを、1・2・3・4から一つえらびなさい。

❶ 国に（　　　　）以来、日本語を使っていない。

　　1　帰る　　　　　　2　帰った　　　　　3　帰って　　　　　4　帰り

❷ あの先生ほど教え方がおもしろい先生（　　　　）いない。

　　1　に　　　　　　　2　こそ　　　　　　3　さえ　　　　　　4　は

❸ 昼間（　　　　）道が込んでいる。

　　1　にしては　　　　2　の反面　　　　　3　なほど　　　　　4　だからって

❹ 教科書を忘れたから、隣の人に（　　　　）。

　　1　見てもらった　　2　見せてもらった　3　見てくれた　　　4　見せてくれた

❺ 彼女は私がどんなに強く言っても（　　　　）。

　　1　聞くこともない　　　　　　　　　　2　聞くしかない
　　3　聞こうとしない　　　　　　　　　　4　聞かないことはない

❻ 田中さんにはさっき（　　　　）、ご挨拶しました。

　　1　ご覧になって　　2　拝見して　　　　3　お目にかかって　4　うかがって

問題2　つぎの文の　★　に入る最もよいものを、1・2・3・4から一つえらびなさい。

❶ 一生懸命 ＿＿＿ ＿＿＿ ★ ＿＿＿ 。

　　1　から　　　　　　2　勉強した　　　　3　こそ　　　　　　4　合格できた

❷ あんな男に ＿＿＿ ＿＿＿ ★ ＿＿＿ なかった。

　　1　仕方が　　　　　2　負ける　　　　　3　くやしくて　　　4　なんて

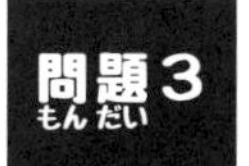

問題3 つぎの文章を読んで、文章全体の内容を考えて、□から□の中に入る最もよいものを、1・2・3・4から一つえらびなさい。

住みたい町

先日、転職が決まりました。せっかくだから通勤がしやすいように、家も引っ越す **❶** にしました。ホームページを見ながら、日当たりとか部屋の広さとか、自分の条件に合う部屋を選びました。そして、実際に部屋を見せてもらったのですが、「 **❷** 」と思える部屋がないのです。私の条件に合っているはずなのに、そこで暮らしている自分が想像できませんでした。そのことを友人に相談したら、「住みたい家じゃなくて、住みたい町を **❸** 。」と言われました。どんなにいい家でも、生活する町が好きになれなかったら、楽しめません。今度は、部屋の条件に加えて、おしゃれなカフェが多くて、便利な図書館のある町を探しました。 **❹** 、とても気に入った部屋を見つけられました。この部屋での新しい生活が **❺** 。

---

❶ 　1　こと　　　　2　べき　　　　3　もの　　　　4　わけ

❷ 　1　ここでしよう　　2　ここですれば　　3　ここにしよう　　4　ここにすれば

❸ 　1　探してみちゃだめ　　　　　　　　2　探してみたら
　　3　探してみるそうだ　　　　　　　　4　探してみるわけない

❹ 　1　ところが　　　2　それに　　　3　なぜなら　　　4　すると

❺ 　1　楽しみでなりません　　　　　　　2　楽しみにしています
　　3　楽しむべきです　　　　　　　　　4　楽しいみたいです

第10回
だい　　　かい

12分　　　/13

問題1　つぎの文の（　　　）に入れるのに最もよいものを、1・2・3・4から一つえらびなさい。
もんだい　　　　　　　　ぶん　　　　い　　　　　もっと　　　　　　　　　　　　　　　　　　　　　ひと

❶ 悪いけど、ちょっとかばんを（　　　　）かな。
わる

　　1　持ってもらわない　　　　　　　　　　　2　持たれてもらわない
　　　も　　　　　　　　　　　　　　　　　　　　　も
　　3　持ってもらえない　　　　　　　　　　　4　持たれてもらえない
　　　も　　　　　　　　　　　　　　　　　　　　　も

❷ 今日のお昼はサンドイッチ（　　　　）でいいです。
きょう　　ひる

　　1　ほど　　　　　　2　だけ　　　　　　3　まで　　　　　　4　こそ

❸ いい大学に入りたいなら、しっかり（　　　）ことだ。
だいがく　はい

　　1　勉強する　　　　2　勉強した　　　　3　勉強してある　　　4　勉強している
　　　べんきょう　　　　　べんきょう　　　　　べんきょう　　　　　　べんきょう

❹ 彼女のあの服（　　　　）、お金持ちに違いない。
かのじょ　　　ふく　　　　　　　　　かねも　　ちが

　　1　のおかげで　　　2　に決まって　　　3　といったら　　　4　からして
　　　　　　　　　　　　　　き

❺ 田中さんがいつもエアコンの温度を（　　　）から、困る。
たなか　　　　　　　　　　　おんど　　　　　　　　　こま

　　1　落とす　　　　2　落ちる　　　　3　下げる　　　　4　下がる
　　　お　　　　　　　お　　　　　　　さ　　　　　　　さ

❻ すみませんが、こちらにお電話を（　　　）ように田中さんに伝えていただけますか。
でんわ　　　　　　　　　たなか　　　つた

　　1　さしあげる　　　2　うかがう　　　3　くださる　　　4　いたす

問題2　つぎの文の＿＿★＿＿に入る最もよいものを、1・2・3・4から一つえらびなさい。
もんだい　　　　　ぶん　　　　はい　もっと　　　　　　　　　　　　　　　　　　ひと

❶ 子どもを ＿＿＿ ＿＿＿ ★ ＿＿＿ 必要はないと思う。
こ　　　　　　　　　　　　　　　　　　　ひつよう　　　おも

　　1　仕事を　　　　　2　産む　　　　　3　やめる　　　　4　からといって
　　　しごと　　　　　　　う

❷ 同じ ＿＿＿ ＿＿＿ ★ ＿＿＿ 家賃が全然違う。
おな　　　　　　　　　　　　　　　やちん　ぜんぜんちが

　　1　マンションでも　　2　によって　　　3　ような　　　　4　場所
　　　　　　　　　　　　　　　　　　　　　　　　　　　　　ばしょ

問題3 つぎの文章を読んで、文章全体の内容を考えて、　□　から　□　の中に入る最もよいものを、1・2・3・4から一つえらびなさい。

植物を育てる

　最近、野菜を自分で育てています。ガーデニングには全然興味がなかったのですが、友だちから「市から畑を借りて一緒に何か植えないか」と誘われたのです。土を柔らかくしたり、毎日水をやったり、周りの草を取ったり、大変なことばかりで、初めは　❶　と思いました。だけど、毎日世話をしている　❷　、野菜の成長がうれしくて、いつからか、気がつけば畑に行くのが楽しくなってきました。少しですが、初めて収穫したときは、本当に感動しました。　❸　、自分で作った野菜のおいしさに驚かされました。聞いた話によると、植物を育てることは、心と体の健康にとてもいいそうです。毎日体を動かすので、運動不足にならないし、収穫を楽しみに待つことで、未来に希望を　❹　ようになるということです。植物を育てるのは手間がかかるので、面倒な感じがしますが、悩んでいるときや、元気が出ないとき　❺　、植物を育てることをおすすめします。

❶　1　やめなくてもいい　　　　　　　　2　やめないほうがいい
　　3　やめてほしい　　　　　　　　　　4　やめておけばよかった

❷　1　ところに　　　2　うちに　　　3　たびに　　　4　ついでに

❸　1　そして　　　2　一方　　　3　すると　　　4　ところで

❹　1　持たれる　　　2　持たせる　　　3　持てる　　　4　持たされる

❺　1　だけ　　　2　さえ　　　3　こそ　　　4　しか

第11回
だい　　　かい

12分　　/13

問題1　つぎの文の（　　）に入れるのに最もよいものを、1・2・3・4から一つえらびなさい。
もんだい　　　ぶん　　　　い　　もっと　　　　　　　　　　　　　　　　　　　ひと

① 昨日の晩は、気持ちが悪くなる（　　　　）お酒を飲んでしまった。
きのう　ばん　　きも　　わる　　　　　　　　　さけ　の

　　1　ほど　　　　　　　2　よう　　　　　　　3　ばかり　　　　　4　こそ

② たとえ成功しなかった（　　　　）、これまでの努力は無駄にはならないよ。
せいこう　　　　　　　　　　　　どりょく　むだ

　　1　とって　　　　　　2　とっても　　　　　3　としても　　　　4　とすると

③ あんなに真面目な山本さんが、うそをつく（　　　　）。
まじめ　やまもと

　　1　わけだ　　　　　　　　　　　　2　わけがない
　　3　わけではない　　　　　　　　　4　わけにはいかない

④ なかなか家に帰れないので、できる（　　　　）母に電話をするようにしている。
いえ　かえ　　　　　　　　　　　　　　はは　でんわ

　　1　だけ　　　　　　　2　くらい　　　　　　3　さえ　　　　　　4　がち

⑤ 世界一周旅行をしたことがある（　　　　）、すごいですね。
せかいいっしゅうりょこう

　　1　など　　　　　　　2　なんか　　　　　　3　ないと　　　　　4　なんて

⑥ ちょうど友達に電話を（　　　　）としていたとき、向こうから電話がかかってきた。
ともだち　でんわ　　　　　　　　　　　　　　　む　　　　　でんわ

　　1　かけた　　　　　　2　かけられる　　　　3　かけよう　　　　4　かけさせて

問題2　つぎの文の＿＿★＿＿に入る最もよいものを、1・2・3・4から一つえらびなさい。
もんだい　　　ぶん　　　　　はい　もっと　　　　　　　　　　　　　　　　　ひと

① 午後の会議に　＿＿＿＿　＿＿＿＿　★　＿＿＿＿　課長はご存じですか。
ごご　かいぎ　　　　　　　　　　　　　　　　　　　かちょう　ぞん

　　1　出席される　　　　2　どうか　　　　　　3　部長が　　　　　4　か
　　　しゅっせき　　　　　　　　　　　　　　　ぶちょう

② 革の財布は　＿＿＿＿　＿＿＿＿　★　＿＿＿＿　になる。
かわ　さいふ

　　1　いい色　　　　　　2　使うほど　　　　　3　長く　　　　　　4　使えば
　　　いろ　　　　　　　　　つか　　　　　　　　なが　　　　　　　つか

72

問題3 つぎの文章を読んで、文章全体の内容を考えて、□から□の中に入る最もよいものを、1・2・3・4から一つえらびなさい。

最近の様子

中田美咲 様

お久しぶりです。お元気でいらっしゃいますか。

先週、東京に出張した **❶** 、時間があったので、卒業して **❷** 初めて、私たちの大学を訪ねました。駅前が開発され、5年前と **❸** 、かなりにぎやかな雰囲気になっていました。

留学中、美咲さんには大変お世話になりましたね。卒業論文がうまく書けなくて困っていたとき、美咲さんが助けて **❹** 私は卒業できていなかったと思います。美咲さんは私に **❺** 、第二の先生です。今でも本当に感謝しています。

また日本に行く機会があったら、今度は美咲さんに会いに、北海道まで行きたいと思います。

それでは、お元気で。

ワン　ジンシャン

❶　1　一方　　　　2　際　　　　3　最中　　　　4　反面

❷　1　以下　　　　2　以外　　　　3　以上　　　　4　以来

❸　1　通じると　　2　基づくと　　3　比べると　　4　加えると

❹　1　くれたら　　　　　　　　　　2　くれなかったら
　　3　もらったら　　　　　　　　　4　もらわなかったら

❺　1　とって　　　　2　対して　　　3　ついて　　　4　おいて

第12回
だい　　かい

12分　　/13

問題1　つぎの文の（　　　）に入れるのに最もよいものを、1・2・3・4から一つえらびなさい。
もんだい　　　　　ぶん　　　　　　　　　　　い　　　　　もっと　　　　　　　　　　　　　　　　　　　　　　　　ひと

❶ 息子は、遊んで（　　　　　）全然勉強しないので、困っています。
　むすこ　　あそ　　　　　　　　　　ぜんぜんべんきょう　　　　　　こま

　　1　ばかり　　　　　　2　ばかりで　　　　　3　ぐらい　　　　　4　ぐらいで

❷ そのときの資料がまったく残っていないので、調べ（　　　　　）。
　　　　　　　しりょう　　　　　　のこ　　　　　　　　　しら

　　1　ようがない　　　2　ようがある　　　3　ようになる　　　4　ようにする

❸ このテキスト（　　　　　）、N3の試験に合格することができました。
　　　　　　　　　　　　　　　しけん　　ごうかく

　　1　なんて　　　　　2　のおかげで　　　3　のせいで　　　4　をこめて

❹ 弟は最近ずっと、新しいパソコンを（　　　　　）いる。
　おとうと　さいきん　　　あたら

　　1　欲しがった　　　2　欲しがって　　　3　欲しそうで　　　4　欲しそうに
　　　ほ　　　　　　　　　　ほ　　　　　　　　　　ほ　　　　　　　　　　ほ

❺ 以前（　　　　　）、原さんはだいぶ失敗しないようになってきました。
　いぜん　　　　　　　　はら　　　　　　しっぱい

　　1　によって　　　　2　に対して　　　3　になって　　　4　に比べて
　　　　　　　　　　　　　　たい　　　　　　　　　　　　　　　くら

❻ コンビニに行く（　　　　　）、ATMで3万円おろしてきました。
　　　　　　い　　　　　　　　　　まんえん

　　1　通じて　　　　　2　ついでに　　　3　いっしょに　　　4　つれて
　　　つう

問題2　つぎの文の＿＿★＿＿に入る最もよいものを、1・2・3・4から一つえらびなさい。
もんだい　　　　　ぶん　　　　　はい　もっと　　　　　　　　　　　　　　　　　　　　ひと

❶ 田中さんとは、もう10年も ＿＿＿＿ ＿＿＿＿ ＿★＿ ＿＿＿＿、それから一度も会っていま
　たなか　　　　　　　　　ねん　　　　　　　　　　　　　　　　　　　　　　　　　　　　　いちど　あ
せん。

　　1　前に　　　　　　2　会った　　　　　3　で　　　　　　4　きり
　　　まえ　　　　　　　　あ

❷ これは ＿＿＿＿ ＿＿＿＿ ＿★＿ ＿＿＿＿、ほかの人にも聞いてみてくださいね。
　　　　　　　　　　　　　　　　　　　　　　　　　　　　　ひと　　き

　　1　意見に　　　　　2　すぎない　　　3　私の　　　　　4　ので
　　　いけん　　　　　　　　　　　　　　　わたし

問題3 つぎの文章を読んで、文章全体の内容を考えて、□から□の中に入る最もよいものを、1・2・3・4から一つえらびなさい。

エスカレーター

「エスカレーターは、立って2列で」……　❶　注意書きが、最近駅で見られるようになった。駅のエスカレーターには2人が並べる幅があるが、たいていの場合、左側（注）にのみ人が立っている。右側は、急いでいる人が通るように空けてあるのだ。　❷　最近、「安全のためには、2列で乗ったほうがいい」と、鉄道会社が2列で並んで立つことをすすめるようになった。確かにそのほうが安全だ。そう思い、先日、実際に右側に　❸　、すぐに後ろから上がってくる人のじゃまになってしまった。長年続けられたことは、　❹　簡単に変えられるものではない。2列に並ぶのが一般的になるとしたら、　❺　だろう。

（注）地方によっては、左右が逆になる。

❶　1　こんな　　　　2　あんな　　　　3　その　　　　4　どの

❷　1　しかも　　　　2　そこで　　　　3　ところが　　　　4　だから

❸　1　立つとすれば　　　2　立ってみると　　　3　立たないと　　　4　立ったままで

❹　1　変えたのをきっかけに　　　　　　2　変えようとしても
　　3　変えてはじめて　　　　　　　　4　変えたてなので

❺　1　まだ続くこと　　　　　　　　　　2　まだまだ先のこと
　　3　もう過ぎたこと　　　　　　　　4　もう目の前のこと

第13回
だい　　かい

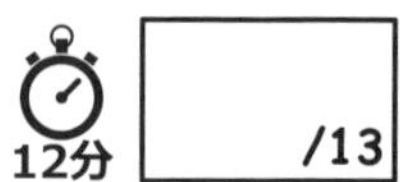

12分　　/13

問題1　つぎの文の（　　　）に入れるのに最もよいものを、1・2・3・4から一つえらびなさい。
もんだい　　　　ぶん　　　い　　　もっと　　　　　　　　　　　　　　　　ひと

❶ 先週から風邪をひいているんですが、ひどくなる（　　　　　）全然よくなりません。
せんしゅう　かぜ　　　　　　　　　　　　　　　　　　　　　ぜんぜん

　　1　かわりに　　　　　2　気味で　　　　　3　一方で　　　　　4　にしたがって
　　　　　　　　　　　　　　ぎみ　　　　　　　いっぽう

❷ 今日は仕事が忙しくて、昼ごはんを食べる時間（　　　　　）ありませんでした。
きょう　しごと　いそが　　　　ひる　　　　た　　じかん

　　1　ほど　　　　　　　2　さえ　　　　　　3　くらい　　　　　4　には

❸ きのうは試験の（　　　　　）、お腹が痛くなってしまいました。
　　　　　しけん　　　　　　　　　なか　いた

　　1　最中に　　　　　　2　うちに　　　　　3　にかけて　　　　4　のわけで
　　　さいちゅう

❹ 今月のバイト代は、1週間で全部（　　　　　）しまった。
こんげつ　　　　だい　　しゅうかん　ぜんぶ

　　1　使い始めて　　　　2　使うせいで　　　3　使うわけで　　　4　使い切って
　　つか　はじ　　　　　　つか　　　　　　　つか　　　　　　　つか　き

❺ 11月10日午後1時から大ホール（　　　　　）、スピーチ大会が行われる予定です。
がつとおかごご　じ　　　だい　　　　　　　　　　たいかい　おこな　　よてい

　　1　に限って　　　　　2　によって　　　　3　において　　　　4　に対して
　　　かぎ　　　　　　　　　　　　　　　　　　　　　　　　　　　たい

❻ 今回の仕事は、リーダーの田中さん（　　　　　）進めてください。
こんかい　しごと　　　　　　　たなか　　　　　　　すす

　　1　を込めて　　　　　2　を中心に　　　　3　にかわって　　　4　にとって
　　　こ　　　　　　　　ちゅうしん

問題2　つぎの文の＿＿★＿＿に入る最もよいものを、1・2・3・4から一つえらびなさい。
もんだい　　　　ぶん　　　　　はい　もっと　　　　　　　　　　　　　　　ひと

❶ 大きな ＿＿＿ ＿＿＿ ＿★＿ ＿＿＿ 大切さに気がつきました。
おお　　　　　　　　　　　　　　　　　たいせつ　き

　　1　健康の　　　　　　2　なって　　　　　3　病気に　　　　　4　はじめて
　　　けんこう　　　　　　　　　　　　　　　びょうき

❷ ＿＿＿ ＿＿＿ ＿★＿ ＿＿＿ 、サンドイッチを作るつもりです。
　　　　　　　　　　　　　　　　　　　　　　　　　つく

　　1　たての　　　　　　2　焼き　　　　　　3　買って　　　　　4　パンを
　　　　　　　　　　　　　や　　　　　　　　か

問題3 つぎの文章を読んで、文章全体の内容を考えて、□から□の中に入る最もよいものを、1・2・3・4から一つえらびなさい。

部屋の乱れは心の乱れ

「部屋の乱れは心の乱れ」ということばを聞いたことがあるでしょうか。ごちゃごちゃした片付いていない部屋は、その人の心が　❶　。心がマイナスの感情でいっぱいになっていると、片付ける気もなくなり、　❷　、部屋が散らかってしまうのだといいます。そして、今度は散らかった部屋を　❸　イライラしてしまったり、ストレスがたまったりします。使いたい物も、すぐに見つけることができません。そうなると、　❹　イライラする……というくり返しです。「最近ちょっとストレスがたまってるかも」「部屋が以前より散らかってる」などと思ったときは、私も、まず部屋の片付けから始める　❺　。

❶　1　表れているのだそうです　　　　2　表れようがありません
　　3　表れてばかりです　　　　　　　4　表れるわけにはいきません

❷　1　それなのに　　　2　それとも　　　3　そこで　　　4　その結果

❸　1　見ることで　　　2　見たがって　　　3　見てもらって　　　4　見るかどうか

❹　1　だって　　　2　さらに　　　3　あるいは　　　4　なぜなら

❺　1　ことになっています　　　　　　2　ことはありません
　　3　ことになります　　　　　　　　4　ことにします

第14回
だい　　　かい

12分　　　／13

問題1　つぎの文の（　　　）に入れるのに最もよいものを、1・2・3・4から一つえらびなさい。
もんだい　　　　　ぶん　　　　　い　　　　　　もっと　　　　　　　　　　　　　　　　　　ひと

❶ 市に外国人が増えたの（　　　　　）、英語の案内があちこちで見られるようになった。
し　がいこくじん　ふ　　　　　　　　　　　えいご　あんない　　　　　　　　　み

　　1　にともなって　　　2　に対して　　　　　3　にとって　　　　4　について
　　　　　　　　　　　　　　　　たい

❷ 明日から京都に旅行に行くので、（　　　　　）。
あした　きょうと　りょこう　い

　　1　晴れてみせる　　　2　晴れとする　　　3　晴れてほしい　　　4　晴れたがる
　　　は　　　　　　　　　　は　　　　　　　　　　は　　　　　　　　　　は

❸ さくらさんは、（　　　　　）、とても優しい性格だ。
　　　　　　　　　　　　　　　　　　やさ　せいかく

　　1　きれいといっても　2　きれいなんて　　　3　きれいなことに　　4　きれいな上に
　　　　　　　　　　　　　　　　　　　　　　　　　　　　　　　　　　　　　　うえ

❹ 部長、今回の出張は、私に（　　　　　）ください。
ぶちょう　こんかい　しゅっちょう　わたし

　　1　行かれて　　　　　2　行かせて　　　　3　行かされて　　　4　行って
　　　い　　　　　　　　　　い　　　　　　　　い　　　　　　　　　い

❺ バイク（　　　　　）、社内で松本さんより詳しい人はいないと思います。
　　　　　　　　　　　しゃない　まつもと　　　くわ　ひと　　　　　おも

　　1　によると　　　　　2　に対して　　　　3　によって　　　　4　に関して
　　　　　　　　　　　　　　　たい　　　　　　　　　　　　　　　　　　かん

❻ 最近太ってしまったので、明日からダイエットをする（　　　　　）。
さいきんふと　　　　　　　　　あした

　　1　なきゃ　　　　　　2　わけがない　　　3　ことにした　　　4　ことか

問題2　つぎの文の＿＿★＿＿に入る最もよいものを、1・2・3・4から一つえらびなさい。
もんだい　　　　　ぶん　　　　　はい　もっと　　　　　　　　　　　　　　　　ひと

❶ 松田さんが ＿＿＿＿ ＿＿＿＿ ＿★＿ ＿＿＿＿ 、びっくりしました。
まつだ

　　1　なんて　　　　　　2　ことに　　　　3　なる　　　　　4　入院する
　　　　　　　　　　　　　　　　　　　　　　　　　　　　　　　　にゅういん

❷ 英語の勉強をやめた ＿＿＿＿ ＿＿＿＿ ＿★＿ ＿＿＿＿ 、少し忘れてしまったんです。
えいご　べんきょう　　　　　　　　　　　　　　　　　　　　　　すこ　わす

　　1　では　　　　　　　2　んですが　　　3　ない　　　　　4　わけ

問題3 つぎの文章を読んで、文章全体の内容を考えて、□から□の中に入る最もよいものを、1・2・3・4から一つえらびなさい。

チョコレート

　先日、コンビニで、ちょっと変わった箱のチョコレートを買いました。箱を見てもチョコレートだとは全然わからないし、少し高いのですが、とてもおしゃれだったのです。学校の昼休みに食べていると、友人が「それ、最近すごく人気なんだよ」と教えてくれました。彼女の話　❶　、このチョコレートは、数年前に一度発売されたのですが、あまり売れなかったそうです。　❷　、数年かけて形や箱のデザインを女性向けに　❸　、再び発売したら、驚くほど売れるようになったということでした。私も箱のかわいさで買ったので、チョコレート会社の人の考えは正しかったのでしょう。　❹　、味もとてもおいしかったです。これを　❺　、また買うだろうと思います。

---

❶　1　によって　　　2　によると　　　3　に基づき　　　4　に基づく

❷　1　したがって　　2　しかも　　　　3　それとも　　　4　それなのに

❸　1　考え切り　　　2　考え直し　　　3　思い出し　　　4　思い直し

❹　1　やっと　　　　2　もちろん　　　3　なるべく　　　4　わざと

❺　1　はじめとして　2　通して　　　　3　きっかけに　　4　こめて

第15回
だい　　かい

12分　　/13

問題1　つぎの文の（　　）に入れるのに最もよいものを、1・2・3・4から一つえらびなさい。
もんだい　　　　ぶん　　　い　　　　　もっと　　　　　　　　　　　　　　　　ひと

❶ あっ！（　　　　）のジュースを、教室に忘れてきちゃった。
きょうしつ　わす

　　1　飲みかけ　　　　　2　飲んだきり　　　　3　飲むぐらい　　　　4　飲みっぱなし
　　　の　　　　　　　　　　　の　　　　　　　　　　の　　　　　　　　　　　の

❷ 台風の（　　　　）旅行が中止になって、とても残念です。
たいふう　　　　　　　りょこう　ちゅうし　　　　　　　　ざんねん

　　1　はずで　　　　　2　ままで　　　　　3　せいで　　　　　4　おかげで

❸ 試験中は、絶対に話さない（　　　　）。いいですね。
しけんちゅう　ぜったい　はな

　　1　わけ　　　　　2　こと　　　　　3　こそ　　　　　4　ため

❹ 林さんにひどいことを言われて、朝から腹が（　　　　）。
はやし　　　　　　　　　　い　　　　　あさ　　はら

　　1　立ってしょうがない　　　　　　　　2　立つに違いない
　　　た　　　　　　　　　　　　　　　　　た　　ちが
　　3　立つことになる　　　　　　　　　　4　立ってみせる
　　　た　　　　　　　　　　　　　　　　　た

❺ 日本でお寺（　　　　）、やっぱり京都が有名です。
にほん　　てら　　　　　　　　　　　きょうと　ゆうめい

　　1　とすると　　　　　2　といえば　　　　3　でさえ　　　　4　なんて

❻ ボランティア活動への参加（　　　　）、会社以外の友人が増えました。
かつどう　　さんか　　　　　かいしゃいがい　ゆうじん　ふ

　　1　にしては　　　　　2　を通して　　　　3　に比べて　　　　4　に対して
　　　　　　　　　　　　　　　とお　　　　　　　くら　　　　　　　　たい

問題2　つぎの文の＿＿★＿＿に入る最もよいものを、1・2・3・4から一つえらびなさい。
もんだい　　　　ぶん　　　　　　はい　　もっと　　　　　　　　　　　　　　ひと

❶ 山田さんが約束の時間に遅刻する ＿＿＿ ＿＿＿ ＿★＿ ＿＿＿ 違いない。
やまだ　　　やくそく　じかん　ちこく　　　　　　　　　　　　　　　　　　　ちが

　　1　何か　　　　　2　なんて　　　　3　あるに　　　　4　理由が
　　　なに　　　　　　　　　　　　　　　　　　　　　　　　りゆう

❷ ＿＿＿ ＿＿＿ ＿★＿ ＿＿＿ 入場料が300円になります。
　　　　　　　　　　　　　　　　にゅうじょうりょう　えん

　　1　500円の　　　　2　方に　　　　3　限り　　　　4　学生の
　　　えん　　　　　　　　かた　　　　　　かぎ　　　　　　がくせい

問題3 つぎの文章を読んで、文章全体の内容を考えて、□から□の中に入る最もよいものを、1・2・3・4から一つえらびなさい。

おにぎり

最近、　①　留学生に、「日本に来て何に一番驚きましたか」と聞きました。「おにぎり」という答えでした。これまでも同じ質問をほかの学生にしたことがありますが、「道がきれい」「自動販売機が便利」「時間どおりに来る電車」、などの答えが多かったので、思わず、「どうしておにぎりなんですか。」と　②　しまいました。その学生　③　、理由は次のようなことです。　④　、コンビニで簡単に買え、小さいのでかばんに入れておけること。次に、食べたいときにすぐ食べられるうえに、パンよりもおなかがいっぱいになること。そして3つめは、いろいろな味があること、でした。一度　⑤　、何度も買っているそうです。ファストフードとしてとても優秀なおにぎり。私も大好きです。

① 1　ある　　　　2　あの　　　　3　あるもの　　　　4　あの人

② 1　聞き始めて　　2　聞き合って　　3　聞き取って　　4　聞き返して

③ 1　によると　　2　によって　　3　に比べて　　4　に比べると

④ 1　さて　　　　2　まず　　　　3　そして　　　　4　つまり

⑤ 1　食べたばかりで　　2　食べがちで　　3　食べて以来　　4　食べたきり

テーマ別ミニ特訓講座
べつ　　　　とっくんこうざ
Mini-Courses Based on Themes ／ Khóa học mini theo chủ đề

1. 助詞①
じょし
Particles ①／ Trợ từ ①

1 が	原さんが休んだ はら　　やす	主語 しゅご	Subject chủ ngữ	歌が好き うた　す	感情の対象 かんじょう　たいしょう	Object of emotions đối tượng của cảm xúc
	ケーキがある	存在 そんざい	Existence tồn tại	食事がしたい しょくじ	動作の対象 （〜たい） どうさ　たいしょう	Object of actions đối tượng của hành động
	車がほしい くるま	感情の対象 かんじょう　たいしょう （ほしい）	Object of emotions đối tượng của cảm xúc	日本語が話せる にほんご　はな	動作の対象 （可能） どうさ　たいしょう かのう	Object of actions (possibility) đối tượng của hành động (khả năng)
2 は	原さんは英語が はら　　えいご 話せる はな	取り立て と　た	Picking out of a group đưa ra	夏は好きだが、 なつ　す 冬は嫌いだ ふゆ　きら	対比 たいひ	Comparison đối nghịch
3 を	水を飲む みず　の	動作の対象 どうさ　たいしょう	Object of actions đối tượng của hành động	駅前を通る えきまえ　とお	経路 けいろ	Route lộ trình
	会社を出る かいしゃ　で	出発点 しゅっぱつてん （動作） どうさ	Point of departure (of actions) điểm xuất phát (hành động)	大学を卒業する だいがく　そつぎょう	出発点 しゅっぱつてん （組織） そしき	Point of departure (organization) điểm xuất phát (tổ chức)
	その角を曲がる かど　ま	通過点 つうかてん	Transit point điểm đi qua			
4 で	教室で書く きょうしつ　か	場所 ばしょ	Place nơi chốn	木でできている き	材料 ざいりょう	Materials nguyên liệu
	日本で一番有名 にほん　いちばんゆうめい	範囲 はんい	Scope phạm vi	風邪で休む かぜ　やす	理由 りゆう	Reason lí do
	2つで100円 えん	範囲 はんい	Scope phạm vi	地震で壊れる じしん　こわ	原因 げんいん	Cause nguyên nhân
	ペンで書く か	方法 ほうほう	Method phương thức	みんなで話し合う はな　あ	形式 けいしき	Form hình thức
	電車で行く でんしゃ　い	交通手段 こうつうしゅだん	Transportation giao thông	3日で終わる みっか　お	時間 じかん	Time thời gian
	小さい声で言う ちい　こえ　い	手段 しゅだん	Means cách thức	自分でやる じぶん	主語 しゅご	Subject chủ ngữ

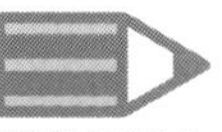

確認ドリル

① すみません。もう少し大きい声（ a. が　b. を　c. で ）話してくれませんか。
すこ　おお　こえ　　　　　　　　　　　　　　　　はな

② 「海（ a. が　b. を　c. で ）泳ぎたいなあ」
うみ　　　　　　　　　　　　およ
「私（ a. が　b. を　c. は ）泳げないから、山（ a. が　b. を　c. は ）いい」
わたし　　　　　　　　　　およ　　　　　　やま

③ 駅まで、うちからだいたい20分くらい（ a. が　b. は　c. で ）着きます。
えき　　　　　　　　　　　　　　ぶん　　　　　　　　　　　　つ

④ 見て。1つ500円だけど、3つ（ a. が　b. を　c. で ）1000円だって。
み　　　　　　えん　　　　　　　　　　　　　　　　　　えん

⑤ 友達の結婚式に出るので、新しいシャツ（ a. が　b. を　c. で ）買いました。
ともだち　けっこんしき　で　　　あたら　　　　　　　　　　　　　　　　か

⑥ 台風（ a. が　b. は　c. で ）、電車が止まってしまいました。
たいふう　　　　　　　　　　でんしゃ　と

⑦ この問題だったら、5分（ a. が　b. を　c. で ）解けます。
もんだい　　　　　ぶん　　　　　　　　　　と

⑧ 絵（ a. が　b. を　c. で ）好きなので、ときどき美術館に絵（ a. が　b. を　c. で ）
え　　　　　　　　　　す　　　　　　　　　　びじゅつかん　え
見に行きます。
み　い

2. 助詞②
じょし

に	彼女**に**花をあげる	授受の対象	Object of transfer đối tượng của cho nhận	１日**に**３回飲む	回数	Number of times số lần
	友達**に**英語を教える	授受の対象	Object of transfer đối tượng của cho nhận	タバコは体**に**悪い	適用範囲	Scope of applicability phạm vi thích ứng
	机**に**花を飾る	到着点	Arrival point điểm đến	部屋**に**いる	存在場所	Place of existence địa điểm tồn tại
	会社**に**行く	到着点	Arrival point điểm đến	棚の上**に**花がある	存在場所	Place of existence địa điểm tồn tại
	電車**に**乗る	移動手段	Means of transportation phương tiện di chuyển	７時**に**起きました	時間	Time thời gian
	将来教師**に**なる	変化の結果	Result of change kết quả của thay đổi	映画を見**に**行く	目的	Goal mục đích
	娘**に**掃除をさせる	使役の対象	Object of role đối tượng của sai khiến	物を包む**のに**使う	手段	Means cách thức
	母**に**叱られた	受け身の相手	Passive party đối tượng của thụ động			
と	私**と**母	並列	Parallel liệt kê	いい**と**思う	引用	Citation trích dẫn
	彼は原さん**と**出かけた	一緒に	Together cùng với	嫌**と**言う	引用	Citation trích dẫn
	父**と**同じ	異同の基準	Standards based on something dissimilar tiêu chuẩn tương đồng/ khác biệt	押す**と**動く	順番	Order thứ tự
				雨が降る**と**中止	仮定	Hypothesis giả định
も	山田さん**も**行く	付加	Addition thêm vào	何**も**買わない	全否定	Complete negation phủ định hoàn toàn
	100万円**も**する	多い	Many nhiều			

確認ドリル

① 今日は、夕方５時からアルバイト（ a.に　b.と　c.も ）行きます。

② このカバン、欲しいけど、３万円（ a.に　b.と　c.も ）する。

③ 私の住む市では、冬（ a.に　b.と　c.も ）なると、雪がたくさん降ります。

④ 「田中さんは？」
　「向こうで、部長（ a.に　b.と　c.も ）話しているよ」

⑤ 予約をしようとホテルに電話したが、どこ（ a.に　b.と　c.も ）空いてなかった。

⑥ 高田さんが、ちょっと遅れる（ a.に　b.と　c.も ）言っていました。

⑦ 一週間（ a.に　b.と　c.も ）３回、テニスの練習をしています。

⑧ 去年の誕生日（ a.に　b.と　c.も ）父（ a.に　b.と　c.も ）時計を買ってもらいました。

3. 接続表現①
せつぞくひょうげん

Conjunctions ①／ Từ nối ①

1 彼の言っていることは変だった。**けれども**、誰も何も言わなかった。
かれ　い　　　　　　　　へん　　　　　　　　だれ　なに　い

But
nhưng

2 このパンはおいしい。**しかも**、1個50円だ。
こ　えん

And also
lại còn

3 今日は一日中、雨です。**したがって**、イベントは中止です。
きょう　いちにちじゅう　あめ　　　　　　　　　　　　ちゅうし

Therefore
theo đó, vì vậy

4 中に入ってみた。**すると**、一人の男が現れた。
なか　はい　　　　　　　　　ひとり　おとこ　あらわ

Just then
tức thì

5 **そういえば**、リサさんは国に帰ったらしい。
くに　かえ

Come to think of it
nói mới nhớ…

6 その料理を作ってみようと思った。**そこで**、ネットで作り方を調べてみた。
りょうり　つく　　　　　　　おも　　　　　　　　　　　　　つく　かた　しら

Then
vì thế

7 彼女は歌がうまい。**そのうえ**、ピアノも上手だ。
かのじょ　うた　　　　　　　　　　　じょうず

Additionally
hơn nữa

8 けさ、事故があった。**そのため**、道が混んでいる。
じこ　　　　　　　　　　みち　こ

Because of that
do vậy

9 夕方、テニスの練習をした。**それから**、映画を見に行った。
ゆうがた　　れんしゅう　　　　　　　　　えいが　み　い

After that
sau đó

10 朝、30分も寝坊した＊。**それで**、会社に遅刻してしまった。
あさ　　ぶん　ねぼう　　　　　　　かいしゃ　ちこく
　＊寝坊（する）(to) oversleep ／ ngủ nướng
　ねぼう

Due to that
vì thế

確認ドリル

① 昨日まで休暇＊をとっていました。(a. それで　b. それでも)、何も知らないんです。
きのう　きゅうか　　　　　　　　　　　　　　　　　　　なに　し
　＊休暇 Break ／ nghỉ phép
　きゅうか

② これ、おいしいですよ。(a. しかも　b. そういえば)、安いんです。
やす

③ チケットが買えないか、ネットで調べてみた。(a. だけど　b. すると) 1枚だけ
か　　　　　　　　　しら　　　　　　　　　　　　　まい
買えた。
か

④ 日本は資源＊の少ない国だ。(a. そのため　b. そのうえ)、外国との貿易に力を入
にほん　しげん　すく　くに　　　　　　　　　　　　　　がいこく　ぼうえき　ちから　い
れてきた。
　＊資源 Resources ／ tài nguyên
　しげん

⑤ 計画はまだ発表されない。(a. けれども　b. したがって) 何も準備できない。
けいかく　はっぴょう　　　　　　　　　　　　　　　　なに　じゅんび

⑥ 毎日、仕事は忙しい。(a. けれども　b . それで)、週末は必ず休む。
まいにち　しごと　いそが　　　　　　　　　　　　しゅうまつ　かなら　やす

⑦ (a. それで　b. そういえば)、駅前に新しいスーパーができるそうだ。
えきまえ　あたら

⑧ 今日のお昼は外で食事をします。(a. そのうえ　b. それから)、買い物をします。
きょう　ひる　そと　しょくじ　　　　　　　　　　　　　　　　か　もの

4. 接続表現②
せつぞくひょうげん

Conjunctions ②／ Từ nối ②

1 ３年間、まじめに勉強した。**それでも**、合格＊できなかった。
　ねんかん　　　　　　　べんきょう　　　　　　　　ごうかく
　＊合格（する）(to) pass ／ đỗ
　　ごうかく

Even then
dù vậy

2 バスで行く？　**それとも**、歩いて行く？
　　　　い　　　　　　　　　　　ある　　い

Or
hay là

3 この店のランチは安くておいしい。**ただし**、平日＊だけのサービスだ。
　　　みせ　　　　　　　やす　　　　　　　　　　　　へいじつ
　＊平日 weekday ／ ngày thường
　　へいじつ

However
tuy nhiên

4 彼はずっと努力を続けてきた。**だから**、プロになることができた。
　かれ　　　　どりょく　つづ

That is why
vì thế

5 昨日も会社で仕事をしていました。**つまり**、家にはいませんでした。
　きのう　　かいしゃ　しごと　　　　　　　　　　　　　いえ

In other words
tóm lại, nghĩa là

6 英語はわかります。**というのも**、子供のころ、ハワイに住んでいたんです。
　えいご　　　　　　　　　　　　　　こども　　　　　　　　　　す

Because
là do

7 資料はたくさん集まった。**ところが**、新しい発見＊は何もなかった。
　しりょう　　　　あつ　　　　　　　　　　あたら　はっけん　なに
　＊発見（する）to discover ／ phát hiện
　　はっけん

Still
nhưng

8 今日は暑いですね。**ところで**、週末は何をしましたか。
　きょう　あつ　　　　　　　　　しゅうまつ　なに

By the way
thế còn

9 私はよくお茶を飲みます。**なぜなら**、健康にいいからです。
　わたし　　　ちゃ　の　　　　　　　　　　けんこう

Because
vì, bởi vì

10 黒または青のボールペンで書いてください。
　くろ　　　あお　　　　　　　　か

or
hoặc

確認ドリル

① ファックス（a. ただし　b. または）メールでお申し込みください。
　　　　　　　　　　　　　　　　　　　　　　もう　こ

② 彼は足をけがしたと聞いていた。（a. ところが　b. ところで）、サッカーをしていた。
　かれ　あし　　　　　　き

③ 100円の割引券だって。（a. つまり　b. ただし）、飲み物だけ。
　　　えん　わりびきけん　　　　　　　　　　　　　　　の　もの

④ 薬を飲んでも、なかなか治らない。（a. だから　b. それとも）、詳しい検査を受け
　くすり　の　　　　　　　　　なお　　　　　　　　　　　　　　　　くわ　けんさ　う
　ることにした。

⑤ この車は古くて修理ができない。（a. なぜなら　b. つまり）、もう乗れないという
　　くるま　ふる　しゅうり　　　　　　　　　　　　　　　　　　の
　ことだ。

⑥ 課長はしばらく会社を休んでいる。（a. というのも　b. ところが）、お子さんが入
　かちょう　　　　かいしゃ　やす　　　　　　　　　　　　　　　　　　　こ　　にゅう
　院しているそうだ。
　いん

⑦ お茶を飲みますか。（a. それとも　b. ただし）、コーヒーがいいですか。
　ちゃ　の

⑧ 店はとても込んでいて、30分待ちだった。（a. ところで　b. それでも）、そこで
　みせ　　　　こ　　　　　　　　ぶんま
　食べたかった。
　た

5. 受身・使役・使役受身
（うけみ）・（しえき）・（しえきうけみ）

Passive / Causative / Causative-Passive
Bị động, bắt buộc, bị động bắt buộc

受身
（うけみ）

Ⅰグループ

1	聞く（き）	知らない人に道を聞かれる（し・ひと・みち・き）	be asked / bị hỏi
2	盗む（ぬす）	財布を盗まれる（さいふ・ぬす）	be stolen / bị trộm
3	行う（おこな）	毎年行われる（まいとし・おこな）	be held / được tổ chức
4	泣く（な）	子供に泣かれて困る（こども・な・こま）	passive intransitive > feelings of being harmed or annoyed / khóc

Ⅱグループ

5	見る（み）	人に見られる（ひと・み）	be seen / bị nhìn thấy
6	建てる（た）	駅前に建てられる（えきまえ・た）	be built / được xây
7	見せる（み）	写真を見せられる（しゃしん・み）	be shown / bị cho xem
8	話しかける（はな）	となりの人に話しかけられる（ひと・はな）	be spoken to / bị/được bắt chuyện

Ⅲグループ

9	来る（く）	急に来られて困る（きゅう・こ・こま）	(someone) to have come / bị khách đến
10	する	よく研究がされている（けんきゅう）	be conducted / được nghiên cứu
11	発明する（はつめい）	彼によって発明される（かれ・はつめい）	be discovered / được phát minh

使役
（しえき）

Ⅰグループ

12	行く（い）	一人で行かせる（ひとり・い）	make go / cho đi
13	書く（か）	レポートを書かせる（か）	make write / bắt viết
14	待つ（ま）	30分待たせる（ぷん・ま）	make wait / bắt đợi

Ⅱグループ

15	食べる（た）	野菜を食べさせる（やさい・た）	make eat / bắt ăn
16	考える（かんが）	方法を考えさせる（ほうほう・かんが）	make think / bắt nghĩ
17	寝る（ね）	早く寝させる（はや・ね）	make sleep / bắt ngủ

Ⅲグループ

18	来る（く）	練習に来させる（れんしゅう・こ）	make come / bắt đến
19	持ってくる（も）	資料を持ってこさせる（しりょう・も）	make bring / bắt mang đến
20	する	電話をさせる（でんわ）	make / bắt làm 〜
21	びっくりする	びっくりさせる	make surprised / làm giật mình

基本の形 ➡ ① ［人］を＋〜させる（自動詞）　② ［人］に＋〜を〜させる（他動詞）
（きほん・かたち）　　　（ひと）　　　　　　　　（じどうし）　　　　　（ひと）　　　　　　　　（たどうし）

使役受身
しえきうけみ

Ⅰグループ	12 聞く（き）	下手な歌を**聞か**される（へた　うた　き）	be made to listen bị bắt nghe
	13 泣く（な）	男の子たちに**泣か**される（おとこ　こ　な）	be made to cry bị làm cho khóc
	14 飲む（の）	お酒を**飲ま**される（さけ　の）	be made to drink bị bắt uống
Ⅱグループ	25 覚える（おぼ）	漢字を**覚え**させられる（かんじ　おぼ）	be made to remember bị bắt nhớ
	26 着る（き）	制服を**着**させられる（せいふく　き）	be made to wear bị bắt mặc
	27 食べる（た）	野菜を**食べ**させられる（やさい　た）	be made to eat bị bắt ăn
Ⅲグループ	28 来る（く）	手伝いに**来**させられる（てつだ　こ）	made to come bị bắt đến
	29 する	掃除を**さ**せられる（そうじ）	made to do bị bắt

確認ドリル

① 電車の中で足を（ a. 踏ませた　b. 踏まれた　c. 踏まされた ）。
でんしゃ　なか　あし　ふ　ふ　ふ

② 子どものころ、ピアノを（ a. 習われた　b. 習わせた　c. 習わされた ）。
こ　なら　なら　なら

③ 母に勝手に雑誌を（ a. 捨てさせて　b. 捨てられて　c. 捨てさせられて ）、腹が立った。
はは　かって　ざっし　す　す　す　はら　た

④ この寺は 500 年前に（ a. 建てられた　b. 建てさせた　c. 建てさせられた) ものだ。
てら　ねんまえ　た　た　た

⑤ 飛行機はライト兄弟（ a. に　b. にとって　c. によって ）発明された。
ひこうき　きょうだい　はつめい

⑥ 彼は熱があるみたいだから、早く（ a. 帰らせた　b. 帰らされた ）ほうがいい。
かれ　ねつ　はや　かえ　かえ

⑦ 会社の状態がよくないので、（ a. やめられる　b. やめさせられる ）かもしれない。
かいしゃ　じょうたい

⑧ ずっとつまらない話を（ a. 聞かせて　b. 聞かされて ）、疲れた。
はなし　き　き　つか

⑨ そんなことを言ったら、みんなに（ a. 笑われる　b. 笑わされる ）。
わら　わら

⑩ この作品は多くの人に（ a. 知られている　b. 知らされている ）。
さくひん　おお　ひと　し　し

⑪ 子供のころ、父に叱られて、よく外に（ a. 立たされた　b. 立てさせられた ）。
こども　ちち　しか　そと　た　た

⑫ 連絡しないで、親を（ a. 心配させて　b. 心配されて ）しまった。
れんらく　おや　しんぱい　しんぱい

⑬ この曲が、いやなことを（ a. 忘れさせて　b. 忘れられて ）くれた。
きょく　わす　わす

⑭ 子供の写真ばかり (a. 見させて　b. 見せられて) も、困る。
こども　しゃしん　み　み　こま

⑮ すみません、ちょっと質問（ a. させて　b. されて ）ください。
しつもん

6. 文末表現
ぶんまつひょうげん

End-of-Sentence Expressions
Cách dùng cuối câu

1	〜ものだ	used to 〜 ; should 〜 Từng 〜 / Phải 〜	子どものころは、よく外で遊んだ**もの**だ。	played Từng chơi
			子どもは、親の言うことを聞く**もの**だ。	should listen Phải nghe
2	〜ことだ	should 〜 Cần phải 〜	優勝するためには、練習する**ことだ**。	should practice Cần phải luyện tập
3	〜ことにする	will 〜 Chọn/ Quyết định 〜	明日は映画を見に行く**ことにします**。	will go to see Quyết định đi xem
4	〜ことになる	end up 〜 (Sự việc do người khác hoặc tập thể quyết định)	明日は映画を見に行く**ことになりました**。	end up going to see Chúng tôi đi xem
5	〜ことになっている	it is such that 〜 (Sự việc được quy định, thành quy định)	すみません。明日はみんなでお祭りに行く**ことになっている**んです。	will be going Phải đi
			このプールは、市民なら誰でも使える**ことになっている**。	it is such that it can be used Quy định có thể sử dụng
6	〜とは限らない	not necessarily 〜 Không hẳn 〜	日本語が話せても、書ける**とは限らない**。	can't necessarily write Không hẳn có thể viết được
7	〜ないことはない／こともない	it is possible có thể 〜 /cũng có thể 〜	少しなら、日本語が話せ**ないこともない**。	it is possible to speak cũng có thể nói được
8	〜わけがない	it can't be that 〜 không thể có chuyện 〜	彼が、遅刻する**わけがない**。	no way for 〜 to be late Không thể có chuyện đến muộn
9	〜わけではない	it's not as if 〜 Không hẳn 〜	遅刻したけれど、寝坊した**わけではない**。	not as if 〜 overslept Không hẳn do ngủ quên
10	〜おそれがある	a fear that 〜 có khả năng 〜	失敗する**おそれがある**。	a fear that 〜 will fail có khả năng thất bại
11	〜に決まっている	of course 〜 chắc chắn 〜	失敗する**に決まっている**。	of course 〜 will fail chắc chắn thất bại
12	〜に違いない	will surely 〜 chắc chắn 〜	失敗する**に違いない**。	〜 will surely fail chắc chắn thất bại

確認ドリル

① こんな難しいこと、私がわかる（ a. とは限らない　b. おそれがある　c. わけがない ）。

② 熱が39度ですか……。とにかく、体を温かくして、寝る（ a. ことです　b. ものです　c. わけです ）ね。

③ 忙しいけど、ちょっとぐらいなら、手伝えない（ a. ことに違いない　b. ことになる　c. こともない ）。

④ 昔はよく、家族で出かけた（ a. ものでした　b. ことにしました　c. ことになりました ）。

⑤ 台風が来ているので、今日は早く帰る（ a. ことにした　b. に決まっている　c. ものだ ）。

⑥ ちゃんと火を消さないと、火事になる（ a. おそれがある　b. ことになる　c. わけではない ）。

⑦ 値段が高いからいい（ a. とは限らない　b. に決まっている　c. わけがない ）。悪い場合もある。

⑧ 青木さんと2時に会うことに（ a. 決まっている　b. 違いない　c. なっている ）ので、私はもう行きます。

7. 敬語①〜尊敬語
けい ご　　　　　そんけい ご

1. お〜になる

1 お＋Ｖ~~ます~~＋になる
（先生が・社長が etc.）
せんせい　　しゃちょう
本をお読みになる
ほん　　　よ

2. れる・られる

2 Ｖ~~ない~~＋れる
（Ⅰグループ）
（先生が・社長が etc.）
せんせい　　しゃちょう
本を読まれる
ほん　　よ
海外に行かれる
かいがい　　い

3 Ｖ~~ない~~＋られる
（Ⅱグループ）
（先生が・社長が etc.）
せんせい　　しゃちょう
会議に出られる
かいぎ　　で
大学をやめられる
だいがく

4 来られる／される
こ
（Ⅲグループ）
（先生が・社長が etc.）
せんせい　　しゃちょう
こちらに来られる
こ
外出される
がいしゅつ

3. 特別な形　Special Forms ／ Các dạng đặc biệt
とくべつ　かたち

5 言う　　　　先生がおっしゃること
い　　　　　　せんせい

6 見る　　　　先生がよくごらんになるスポーツ
み　　　　　　せんせい

7 食べる・飲む　先生がコーヒーを召し上がる
た　　　の　　　せんせい　　　　　　　め　あ

8 行く　　　　先生がこちらにいらっしゃる日
い　　　　　　せんせい　　　　　　　　　　　ひ
おいでになる時間
じかん

9 来る　　　　先生がこちらにいらっしゃる日
く　　　　　　せんせい　　　　　　　　　　　ひ
おいでになる時間
じかん
見える（お見えになる）
み　　　　み

10 知っている　先生がご存じの店
し　　　　　　せんせい　　ぞん　　みせ

11 する　　　　先生が実際になさる
せんせい　じっさい
〜する　　　お電話なさる／ご出席なさる
でんわ　　　　　　しゅっせき

12 いる　　　　先生が家にいらっしゃる
せんせい　いえ
〜ている　　券を持っていらっしゃる
けん　も

13 くれる　　　先生がおみやげをくださる
せんせい
〜てくれる　本を貸してくださる
ほん　か

※「です・ます体」の場合、下線部は「います」になる。
たい　　　ばあい　　かせんぶ

For です・ます form, the underlined portion becomes「います」.
Nếu ở thể "です・ます" thì phần gạch chân sẽ thành "います".

確認ドリル

① この本を（ a. ご存じです　b. ご存じます ）か。
ほん　　　　　　　ぞん　　　　　　　　ぞん

② お昼は何を（ a. おいでになります　b. めしあがります ）か。
ひる　なに

③ 何のお仕事を（ a. なさって　b. いらっしゃって ）いますか。
なん　　しごと

④ もうすぐお客様が（ a. 来させます　b. 来られます ）。
きゃくさま　　　　こ　　　　　　　　こ

⑤ 飲み物は何を（ a. 飲まれます　b. 飲まされます ）か。
の　もの　なに　　　　の　　　　　　　　の

⑥ おはしはお使い（ a. で　b. に ）なりますか。
つか

⑦ これは先生が（ a. くられ　b. ください ）ました。
せんせい

⑧ 田中社長がこちらに（ a. ごらんになる　b. いらっしゃる ）のは何日ですか。
たなかしゃちょう　　　　　　　　　　　　　　　　　　　　　　　　　なんにち

8. 敬語②〜謙譲語
けい　ご　　　　けんじょう　ご

Honorific Language ② : Humble Language
Kính ngữ ② ~ Từ khiêm nhường

1. お〜する

① お＋Vます＋する　先生の（お）荷物を**お持ちする**
せんせい　　　　　に もつ　　　も

2. 特別な形
とくべつ　かたち

② 行く／来る　　先生のご自宅に**うかがう**
い　　く　　　せんせい　じ たく
ごあいさつに**参る**
まい

③ 言う　　　先生に意見を**申し上げる**
い　　　せんせい　い けん　もう　あ
申す（田中と**申します**）
もう　　た なか　もう

④ 食べる・飲む　奥様の料理を**いただく**
た　　　の　　おくさま　りょうり
お茶を**いただく**
ちゃ

⑤ 見る　　　先生のお手紙を**拝見する**
み　　　せんせい　て がみ　はいけん

⑥ する　　　**いたす**（お願いを**いたします**）
ねが

⑦ もらう　　先生からおみやげを**いただく**
せんせい
名刺を**頂戴する**
めい し　　ちょうだい

⑧ あげる　　先生にメールを**差し上げる**
せんせい　　　　　さ　あ

⑨ 聞く　　　先生のお話を**うかがう**
き　　　せんせい　はなし

⑩ 会う　　　先生に**お目にかかる**
あ　　　せんせい　　め

⑪ いる　　　**おる**（家に**おります**）
いえ

⑫ 〜ている　　**〜ておる**（感謝**しております**）
かんしゃ

⑬ 〜てもらう　先生に本を貸し**ていただく**
せんせい　ほん　か

確認ドリル

① 私が代わりに＊お（ a. 書き　b. 書け ）しましょうか。＊代わりに instead of ／ thay thế
わたし　か　　　　　　　　か　　　　　か　　　　　　　　　　　　　　か

② 先生にお菓子を（ a. いただいた　b. うかがった ）。
せんせい　か し

③ ハリさんには昨日初めてお目に（ a. かけた　b. かかった ）。
きのう はじ　　め

④ 父は大学で働いて（ a. いたします　b. おります ）。
ちち　だいがく　はたら

⑤ はじめまして。田中と（ a. 申します　b. 申し上げます ）。
た なか　　もう　　　　もう　あ

⑥ 日本には、３月に（ a. うかがいました　b. まいりました ）。
に ほん　　　がつ

⑦ 昨日は家で好きなドラマを（ a. 見ておりました　b. 拝見していました ）。
きのう いえ す　　　　　　　み　　　　　　　はいけん

⑧ これからも頑張って勉強して（ a. おります　b. まいります ）。
がん ば　　べんきょう

9. 敬語③〜丁寧語・美化語
けいご　　　ていねいご　びかご

1 ～だ・である⇒～です・ます　　用意ができましたら、お呼びします。
　　　　　　　　　　　　　　　　　　よう い　　　　　　　　　　　　　よ

2 ～です⇒～でございます　　担当の山田でございます。
　　　　　　　　　　　　　　　たんとう　やまだ

　　あります⇒ございます　　トイレは２階にございます。
　　　　　　　　　　　　　　　　　　　　　かい

3 お～　　　　お名前、お電話、お国、お返事、お忙しい、お元気
　　　　　　　　　なまえ　　でんわ　　くに　　へんじ　　いそが　　　げんき

　　ご～　　　　ご家族、ご連絡、ご指導、ご出席、ご説明、ご紹介
　　　　　　　　　かぞく　　れんらく　　しどう　しゅっせき　せつめい　しょうかい

その他	
た	

4
ここ・これ　　**こちら**

そこ・それ　　**そちら**

あそこ・あれ　**あちら**

どこ・どれ　　**どちら**

5 だれ　　　　**どなた**がいらっしゃいますか。

6 どう　　　　コーヒーは**いかが**ですか。

7 人　　　　あの**方**はどなたですか。
　ひと　　　　　　かた

8 ～さん　　　田中様
　　　　　　　　たなかさま

7 みんな　　　皆さん、皆様
　　　　　　　　みな　　みなさま

9 子ども　　　お子さん、お子様
　　こ　　　　　こ　　　　こさま

10 家　　　　　お宅
　　いえ　　　　たく

11 いい　　　　よろしい

確認ドリル

① あちらに見えますのがスカイツリー（ a. ございます　b. でございます ）。
　　　　　　み

② DVD はあちらの棚に（ a. ございます　b. でございます ）。
　　　　　　　　　たな

③ こちらに（ a. お　b. ご ）連絡ください。
　　　　　　　　　　　　　れんらく

④ （ a. お　b. ご ）国はどちらですか。
　　　　　　　　　くに

⑤ 日曜日は（ a. お　b. ご ）都合はいかがですか。
　にちよう び　　　　　　　　つごう

⑥ どちらのサイズが（ a. いかが　b. よろしい ）ですか。

⑦ あちらの（ a. 人　b. 方 ）が田中様です。
　　　　　　　　ひと　　かた　たなかさま

⑧ あの赤いシャツの男性は（ a. どちら　b. どなた ）ですか。
　　　　あか　　　　　だんせい

10. 敬語④〜まとめ
けいご

確認ドリル

① 昨日、田中先生に（ a. お会いした　b. お会いになった ）。
きのう　　たなかせんせい　　　　あ　　　　　　　　あ

② 普段、お酒はどのくらい（ a. 飲まれます　b. 飲まされます ）か。
ふだん　　さけ　　　　　　　　　　の　　　　　　　の

③ 明日は一日中家に（ a. いらっしゃいます　b. おります ）ので、いつでもおいでく
あした　いちにちじゅういえ
ださい。

④ あちらに見えますのが、東京タワーで（ a. いらっしゃいます　b. ございます ）。
み　　　　　　　とうきょう

⑤ 山田さんは、田中先生を（ a. ご存知です　b. 存じ上げています ）か。
やまだ　　　　たなかせんせい　　　　ぞんじ　　　　ぞん　あ

⑥ 日にちが決まりましたら、またメール（ a. いたします　b. なさいます ）。
ひ　　　　き

⑦ こちらに（ a. お　b. ご ）電話番号をお書きください。
でんわばんごう　　か

⑧ 先生（ a. 様　b. 方 ）には、私がメールしておきます。
せんせい　さま　　がた　　　わたし

⑨ こちらのタイプは（ a. どちら　b. いかが ）ですか。

⑩ 先生に（ a. お　b. ご ）相談したいことがあるのですが……。
せんせい　　　　　　　　そうだん

⑪ 明日の7時にお宅に（ a. うかがい　b. いらっしゃい　c. 来られ ）ます。
あした　じ　たく　　　　　　　　　　　　　　　　　　こ

⑫ お客様から本を（ a. 差し上げました　b. いただきました　c. くださいました ）。
きゃくさま　ほん　　　さ　あ

⑬ どうぞ、お好きなものを（ a. 召し上がって　b. いただいて　c. ちょうだいして ）
す　　　　　　　め　あ
ください。

⑭ テレビで皆様を（ a. ご覧になりました　b. 拝見しました　b. お目にかかりました ）。
みなさま　　　　らん　　　　　　　　はいけん　　　　　　め

⑮ 山田様は11時に（ a. まいります　b. いらっしゃいます　c. うかがいます ）。
やまださま　　じ

Part3

模擬試験
<ruby>模<rt>も</rt>擬<rt>ぎ</rt>試<rt>し</rt>験<rt>けん</rt></ruby>

Mock Examinations
Bài thi thử

文字・語彙
<ruby>文<rt>も</rt>字<rt>じ</rt>・語<rt>ご</rt>彙<rt>い</rt></ruby>

第1回～第3回

文法
<ruby>文<rt>ぶん</rt>法<rt>ぼう</rt></ruby>

第1回～第3回

文字・語彙
もじ・ごい

第1回
だい　かい

30分　　/35

問題1 　＿＿＿＿のことばの読み方として最もよいものを、1・2・3・4から一つえらびなさい。

1 友達の誕生日にプレゼントをあげたら、とても喜んでくれた。

1　まなんで　　　　2　さけんで　　　　3　よろこんで　　　　4　はこんで

2 子供が生まれたときは本当にうれしかった。この感動は、一生忘れないだろう。

1　いっしょ　　　　2　いっしょう　　　　3　いっせい　　　　4　いつせい

3 ここにある絵は全て、私が描いたものです。

1　すべて　　　　2　ぜんて　　　　3　まって　　　　4　もって

4 この国では、食料が不足している。

1　ふぞく　　　　2　ふそく　　　　3　ぶぞく　　　　4　ぶそく

5 駅前でカラオケ屋のちらしを配っていた。

1　はるって　　　　2　ぱいって　　　　3　くはって　　　　4　くばって

6 私は大学で経済学を学んだ。

1　けえさい　　　　2　けえざい　　　　3　けいさい　　　　4　けいざい

7 父の手術が無事に終わって安心した。

1　ぶし　　　　2　ぶじ　　　　3　むし　　　　4　むじ

8 まず鍋に油を少し入れてください。次に野菜を入れます。

1　どう　　　　2　せきゆ　　　　3　あぶら　　　　4　てつ

問題2 ＿＿＿＿のことばを漢字で書くとき、最もよいものを、1・2・3・4から一つえらびなさい。

9 この書類の日付が間違っているので、しゅうせいしてもらえますか。

1　修正　　　　　　2　修成　　　　　　3　修省　　　　　　4　修政

10 この工場では電子ききの製造を行っております。

1　機技　　　　　　2　機々　　　　　　3　機器　　　　　　4　機械

11 私はあの先生から指導をうけたことがある。

1　受けた　　　　　2　得けた　　　　　3　取けた　　　　　4　打けた

12 毎年、ふうふで海外旅行に行っている。

1　夫妻　　　　　　2　夫婦　　　　　　3　主婦　　　　　　4　主夫

13 じつは、半年前に離婚（りこん）したんです。

1　事　　　　　　　2　失　　　　　　　3　説　　　　　　　4　実

14 階段から落ちて、腕の骨をおってしまった。

1　割って　　　　　2　減って　　　　　3　折って　　　　　4　散って

問題3 （　　）に入れるのに、最もよいものを、1・2・3・4から一つえらびなさい。

15　今日と明日は特別に、高速道路の通行（　　　　）が無料になるそうだ。

1　金額　　　　　　　2　価格　　　　　　　3　料金　　　　　　　4　値段

16　この図書館を初めて利用される方は、こちらの用紙にお名前とご住所をご（　　　　　）
ください。

1　書類
しょるい　　　　　　2　記入
きにゅう　　　　　　3　記録
きろく　　　　　　4　入力
にゅうりょく

17　今日は一日中家族と外出していたので、荷物を（　　　　）ことができませんでした。

1　受け入れる　　　　2　受け取る　　　　　3　取け付ける　　　　4　取り消す

18　カードで買い物をするときは、（　　　　）が必要です。

1　チェック　　　　　2　ノック　　　　　　3　コイン　　　　　　4　サイン

19　このケーキはバターを（　　　　）入れて作っています。

1　ぴったり　　　　　2　そっくり　　　　　3　たっぷり　　　　　4　じっくり

20　私は大型バイクの（　　　　）を持っています。

1　免許
めんきょ　　　　　　2　許可
きょか　　　　　　　3　合格
ごうかく　　　　　　4　都合
つごう

21　有名な経営者の講演を聞きに行ったが、（　　　　）内容だった。

1　厚い
あつ　　　　　　　　2　伸びる
の　　　　　　　　　3　退屈な
たいくつ　　　　　　4　ひまな

22　お会計はご一緒ですか、（　　　　）ですか。

1　別に　　　　　　　2　区別　　　　　　　3　特別　　　　　　　4　別々

23 切手は、値段ごとに（　　　　）<ruby>袋<rt>ふくろ</rt></ruby>に入れています。

1　ウール　　　　　　2　ビニール　　　　　3　ガラス　　　　　　4　アルミ

24 夏はエアコンをたくさん使うので、電気（　　　　）が高くなる。

1　代　　　　　　　　2　費　　　　　　　　3　金　　　　　　　　4　料

25 最近、仕事がうまく行ってなくて、<ruby>先輩<rt>せんぱい</rt></ruby>に相談に（　　　　）もらった。

1　聞いて　　　　　　2　合って　　　　　　3　乗って　　　　　　4　話して

問題4　＿＿＿に意味が最も近いものを、1・2・3・4から一つえらびなさい。

26　ゴミの捨て方は、ゴミの種類によって決まりがあります。

　1　ゴール　　　　　2　ルール　　　　　3　セール　　　　　4　メール

27　荷物の量が多いので、全部をいっぺんに運ぶのは無理だろう。

　1　一度に　　　　　2　たまに　　　　　3　のんびり　　　　4　急いで

28　自転車をもらうことになったが、修理する必要があるそうだ。

　1　買う　　　　　　2　返す　　　　　　3　借りる　　　　　4　直す

29　何度も洗濯しているうちに、Tシャツの色が落ちてきた。

　1　汚れて　　　　　2　薄くなって　　　3　曲がって　　　　4　丸くなって

30　彼女の誕生日に、いいムードのレストランを予約した。
　　　たんじょうび

　1　調子　　　　　　2　気分　　　　　　3　雰囲気　　　　　4　味
　　　　　　　　　　　　　　　　　　　　　　ふんいき

問題5　つぎのことばの使い方として最もよいものを、1・2・3・4から一つえらびなさい。

21　入力する

1　この店は週末はとても忙しいので、新しいスタッフを2名入力することにした。

2　コピー機を使うときは、ここにお金を入力してください。

3　まず最初に、この画面にID とパスワードを入力します。

4　アジアからは主に野菜が入力されている。

32　器用（きよう）

1　夫はとても器用（きよう）で、うちにある家具はほとんど夫が作ったものである。

2　このお皿は、お客さんが来たときに使う器用（きよう）です。

3　兄はパソコンを器用（きよう）して、映像や音楽を作る仕事をしている。

4　大きい病院には、最新の器用（きよう）がたくさんある。

33　振り込む

1　駅の改札を通るときは、ここに切符を振り込んでください。

2　手を大きく振り込んで、タクシーを止めた。

3　月末までに家賃（やちん）を振り込まないといけない。

4　最後に塩を振り込んだら、この料理は完成です。

34　プラス

1　エスカレーターで後ろから来た人にプラスされて、転びそうになった。

2　100 円でランチにコーヒーをプラスすることができます。

3　彼は高校で同じプラスだった人と結婚した。

4　このファイル、そこの机の上にプラスしておいてもらえますか。

35　なるべく

1　なるべくいつも同じようなデザインの服を買ってしまう。

2　この答えはなるべく違うような気がする。

3　毎日掃除（そうじ）をしているので、なるべく床（ゆか）にゴミが落ちている。

4　甘い物はなるべく食べないようにしている。

文字・語彙（もじ・ごい）

第2回（だいかい）　　30分　　/35

問題1　＿＿＿のことばの読み方として最もよいものを、1・2・3・4から一つえらびなさい。

1　今年の目標を紙に書いた。

1　めひょう　　　　2　めひょ　　　　3　もくひょ　　　　4　もくひょう

2　また改めてお電話します。

1　あきらめて　　　2　たしかめて　　　3　あらためて　　　4　もとめて

3　失敗しても気にしない。

1　しばい　　　　　2　しっばい　　　　3　しっぱい　　　　4　しんぱい

4　大阪（おおさか）に出張に行ったときは、ABC ホテルに宿泊している。

1　しゅうはく　　　2　しゅくはく　　　3　しゅうばく　　　4　しゅくばく

5　あの人は必ずここに来るはずだ。

1　なからず　　　　2　からなず　　　　3　ならかず　　　　4　かならず

6　思っていたより、現実は厳しかった。

1　じつげん　　　　2　げんじつ　　　　3　けんじつ　　　　4　しつげん

7　頭痛の原因はわからなかった。

1　げんいん　　　　2　げいいん　　　　3　けんい　　　　　4　げいん

8　私の家はビルに囲まれている。

1　はさまれて　　　2　たのまれて　　　3　つつまれて　　　4　かこまれて

問題2　＿＿＿＿のことばを漢字で書くとき、最もよいものを、1・2・3・4から一つえらびなさい。

9　食事のあと、30分いないに薬を飲んでください。

1　以内　　　　2　似内　　　　3　以肉　　　　4　似肉

10　これは江戸時代のかたなです。

1　力　　　　2　久　　　　3　刀　　　　4　丸

11　スマホのデータをかんぜんに消してリサイクルした。

1　完金　　　　2　元全　　　　3　元金　　　　4　完全

12　服に白いこなが付いてしまった。

1　粉　　　　2　粒　　　　3　約　　　　4　給

13　この度は、ABCこうくうをご利用いただきありがとうございます。

1　空港　　　　2　空航　　　　3　航空　　　　4　港空

14　祖母はろうじんホームに入っている。

1　老人　　　　2　考人　　　　3　者人　　　　4　有人

問題3 （　　）に入れるのに、最もよいものを、1・2・3・4から一つえらびなさい。

15 毎日掃除機を（　　　）ようにしている。

1　ひく　　　　　　　2　する　　　　　　　3　はしる　　　　　　4　かける

16 理由は後で言うから（　　　）早く来て。

1　あっという間に　　2　突然　　　　　　　3　とにかく　　　　　4　いっぺんに
　　　　　　　　　　　　とつぜん

17 15年前に、この場所で一億年前の鳥の骨が（　　　）された。
　　　　　　　　　　いちおく
1　発見　　　　　　　2　発表　　　　　　　3　発展　　　　　　　4　発達
　はっけん　　　　　　はっぴょう　　　　　　はってん　　　　　　　はったつ

18 空に厚い雲が（　　　）いる。

1　近づいて　　　　　2　広がって　　　　　3　飛んで　　　　　　4　固まって

19 友達のことを悪く言われて、腹が（　　　）。

1　起きた　　　　　　2　鳴った　　　　　　3　立った　　　　　　4　焼けた

20 夏休みに富士山に登る計画を（　　　）。
　　　　ふ じ さん
1　あった　　　　　　2　あげた　　　　　　3　たてた　　　　　　4　できた

21 試合に負けて（　　　）思いをした。

1　くるしい　　　　　2　うらやましい　　　3　かゆい　　　　　　4　くやしい

22 この小さな公園も市が（　　　）している。

1　生産　　　　　　　2　管理　　　　　　　3　営業　　　　　　　4　通勤
　せいさん　　　　　　かんり　　　　　　　えいぎょう　　　　　　つうきん

23 あの子はいつも（　　　　）がよくて感心する。

1　行儀（ぎょうぎ）　　　　2　行事（ぎょうじ）　　　　3　活動　　　　4　生活

24 胸の音を聞きますので、（　　　　）を大きく吸ってください。

1　声　　　　2　息　　　　3　鼻　　　　4　口

25 この辺はあまり（　　　　）ではないので、気を付けてください。

1　心配（しんぱい）　　　　2　安全（あんぜん）　　　　3　犯罪（はんざい）　　　　4　規則（きそく）

問題4 ＿＿＿に意味が最も近いものを、1・2・3・4から一つえらびなさい。

26 みんな無事に家に帰ったと聞いて、安心した。
ぶじ

1　いらいらした　　　2　どきどきした　　　3　がっかりした　　　4　ほっとした

27 自転車が壊れたので直してもらった。
こわ

1　修理して　　　　　2　整理して　　　　　3　修正して　　　　　4　正解して

28 受付が終わった人は、中に入ってください。

1　転んだ　　　　　　2　済んだ　　　　　　3　足りた　　　　　　4　割れた

29 彼は口がかたいから、相談しても大丈夫です。
だいじょうぶ

1　人と話すのが好きではない　　　　　　2　ほかの人に秘密を言わない
　　　　　　　　　　　　　　　　　　　　　　　　　ひみつ
3　自分の話をしたがらない　　　　　　　4　自分の話ばかりしようとする

30 熱が少しずつ下がってきた。
ねつ

1　だんだん　　　　　2　どんどん　　　　　3　はっきり　　　　　4　すっきり

問題5　つぎのことばの使い方として最もよいものを、１・２・３・４から一つえらびなさい。

31　いきなり

1　あの人は足が<u>いきなり</u>速い。

2　運転していたらねこが<u>いきなり</u>出てきた。

3　暗くなってきたので、<u>いきなり</u>帰ります。

4　たくさん作ったので<u>いきなり</u>食べてくださいね。

32　検査する

1　町の人にスマホを使う時間について<u>検査している</u>。

2　わからない言葉があったら、たいていパソコンで<u>検査する</u>。

3　心配なので、大きな病院で詳しく<u>検査する</u>ことにした。

4　新しいバッグを買うかどうか、もう少し<u>検査して</u>みる。

33　志望

1　どんなにつらいときでも、<u>志望</u>を持っていたい。

2　あなたなら、きっとできると<u>志望</u>していますよ。

3　あの人は<u>志望</u>が弱くて、何でもすぐにあきらめてしまう。

4　最近、教師<u>志望</u>の人が減っているそうだ。

34　かしこい

1　ジョンは、<u>かしこい</u>犬で人間の言葉を理解している。

2　この建物は大きくて、とても<u>かしこい</u>ですね。

3　コンピューターは<u>かしこい</u>進化を続けてきた。

4　あの人は<u>かしこい</u>ので、人の言うことを何でも聞く。

35　ぶらぶら

1　波で船が<u>ぶらぶら</u>と揺れている。

2　お酒を飲みすぎて<u>ぶらぶら</u>になってしまった。

3　歯が抜けそうで、<u>ぶらぶら</u>している。

4　暇だったから、近所を<u>ぶらぶら</u>歩いた。

文字・語彙
もじ　ごい

第3回
だい　　かい

30分　　/35

問題1　＿＿＿のことばの読み方として最もよいものを、1・2・3・4から一つえらびなさい。

1　めざまし時計が遅れていて、朝、かなりあわてた。

1　きれて　　　　　2　おくれて　　　　　3　こわれて　　　　　4　はずれて

2　映画の情報は、いつもインターネットで調べています。

1　しょほう　　　　2　しょうほ　　　　　3　じょほう　　　　　4　じょうほう

3　新しいシャツなのに、もう破れてしまいました。

1　よはれて　　　　2　よばれて　　　　　3　やふれて　　　　　4　やぶれて

4　いつか、両親に立派な家を建ててあげたい。

1　りっばな　　　　2　りいばな　　　　　3　りっぱな　　　　　4　りいぱな

5　22歳のときから、この会社で働いています。

1　はたらいて　　　2　うごいて　　　　　3　かいて　　　　　　4　あいて

6　彼には、絵の才能があると思います。

1　さいの　　　　　2　さいのう　　　　　3　さのう　　　　　　4　さの

7　そこ、汚いから、そうじしておいてください。

1　きたない　　　　2　くらい　　　　　　3　おもい　　　　　　4　おそい

8　データは全部、このパソコンに保存してあります。

1　ほそん　　　　　2　ほぞん　　　　　　3　ほうそん　　　　　4　ほうぞん

問題2　＿＿＿＿のことばを漢字で書くとき、最もよいものを、1・2・3・4から一つえらびなさい。

9 ジュースが<u>たりない</u>から、買ってきてくれる？

　1　手りない　　　　2　多りない　　　　3　足りない　　　　4　他りない

10 さくらさんに、田中さんを<u>しょうかい</u>してもらいました。

　1　紹会　　　　2　招介　　　　3　招待　　　　4　紹介

11 母に、祖母の<u>わかい</u>ころの写真をもらいました。

　1　若い　　　　2　和い　　　　3　右い　　　　4　苦い

12 バイクと車の<u>じこ</u>があったようです。

　1　時個　　　　2　事故　　　　3　事個　　　　4　時故

13 図書館に、本を<u>かえし</u>に行きました。

　1　貸し　　　　2　反し　　　　3　返し　　　　4　帰し

14 <u>むかし</u>、アメリカに住んでいたことがあります。

　1　者　　　　2　昔　　　　3　借　　　　4　都

問題3 （　　）に入れるのに、最もよいものを、1・2・3・4から一つえらびなさい。

15 彼の返事は（　　　　）、行くのか行かないのか、はっきりわからなかった。

  1　大変で　　　　　　2　あいまいで　　　　　3　つまらなくて　　　4　あきらかで

16 私の国では、スポーツの中でサッカーがいちばん（　　　　）です。

  1　きれい　　　　　　2　さかん　　　　　　　3　多い　　　　　　　4　大きい

17 バスの時間に遅れそうで、（　　　　）家を出ました。

  1　流れて　　　　　　2　進んで　　　　　　　3　あわてて　　　　　4　間に合って

18 ちょっと読みにくいので、もう一度丁寧に（　　　　）ください。

  1　書き直して　　　　2　書き終わって　　　　3　書き出して　　　　4　書き始めて

19 きのうの試合の（　　　　）は、5対3で負けでした。

  1　長さ　　　　　　　2　日時　　　　　　　　3　感想　　　　　　　4　結果

20 あと2点で合格だったのに。本当に（　　　　）ですね。

  1　あやしかった　　　　　　　　　　　　2　けわしかった
  3　おしかった　　　　　　　　　　　　　4　おもしろかった

21 原さんに仕事を頼まれましたが、忙しいので（　　　　）。

  1　勧めました　　　　　　　　　　　　　2　がんばりました
  3　誘いました　　　　　　　　　　　　　4　断りました

22 彼女は、私の弟ととても（　　　　）がいい。

1　仲　　　　　　　2　友　　　　　　　3　親　　　　　　　4　家

23 明日は、（　　　　）早く家を出るつもりです。

1　しばらく　　　　2　できるだけ　　　3　ほとんど　　　4　さっぱり

24 もらった地図を見たのに、道に（　　　　）しまいました。

1　歩いて　　　　　2　考えて　　　　　3　迷って　　　　4　わからなくて

25 今日の会議は（　　　　）早く終わった。

1　驚きに　　　　　2　思い出に　　　　3　意外に　　　　4　喜びに

問題4　＿＿＿に意味が最も近いものを、1・2・3・4から一つえらびなさい。

26　きのう、久しぶりに料理を作ったが、まずかった。

1　多かった

2　珍しかった

3　おいしくなかった

4　足りなかった

27　トラブルが起きたら、まず、上司に報告してください。

1　注文　　　　　　2　問題　　　　　　3　計画　　　　　　4　旅行

28　最近、野菜の価格が上がっている。

1　数　　　　　　　2　量　　　　　　　3　人気　　　　　　4　値段

29　この機会に、京都に行ってみようと思う。

1　チャンス　　　　2　天気　　　　　　3　乗り物　　　　　4　週末

30　もう、すっかり食べてしまいました。

1　きのう　　　　　2　少し　　　　　　3　半分　　　　　　4　全部

問題5　つぎのことばの使い方として最もよいものを、1・2・3・4から一つえらびなさい。

31 ユーモア

1　山田さんは、ユーモアがあって楽しい人だ。

2　このマンガ、とってもユーモアで、いつも笑ってしまう。

3　昨日見た映画は、本当にユーモアだった。

4　家族と食事をするのは、ユーモアがあって楽しいです。

32 底

1　あ、テーブルの底に、何か落ちていますよ。

2　私のマンションの底の部屋は、夫婦で住んでいます。

3　箱の底に、手紙が入っていた。

4　山田さんより、私のほうが成績は底です。

33 ぬるい

1　アイスがぬるくなって、溶けてしまいました。

2　電話をしていたら、お茶がぬるくなってしまいました。

3　寒い夜なので、ベッドがぬるくて気持ちがいい。

4　熱がだいぶ下がって、体がぬるくなってきました。

34 今にも

1　同じ失敗をしないように、今にも気をつけてください。

2　今にも料理をしているところなので、あとで電話しますね。

3　田中さんなら、今にも帰ったばかりです。

4　その子は、今にも泣き出しそうな顔をしていた。

35 せっかく

1　せっかく大阪へ行って、京都へも行きましょう。

2　せっかく遠くからおいでいただき、ありがとうございます。

3　せっかく料理を作ったのに、たくさん余ってしまった

4　さっきから雨が強いので、せっかく出かけなくてもいいと思います。

文 法
ぶんぽう

第1回
だいかい

20分　/23

問題1　つぎの文の（　　　）に入れるのに最もよいものを、1・2・3・4から一つえらびなさい。

1　シャツにしょうゆがついてしまい、（　　　　）洗っても汚れが落ちない。

　1　どのぐらい　　　2　どんな　　　3　必ずしも　　　4　いくら

2　もし行ける（　　　　）宇宙旅行に行ってみたいですか。

　1　としても　　　2　としたら　　　3　にしては　　　4　にしても

3　彼女はまだ16歳だが、見事に金メダルをとって、日本中を（　　　　）。

　1　驚いた　　　2　驚かれた　　　3　驚かせた　　　4　驚かさせた

4　何度も禁煙してほしいと言っているのに、夫はたばこを（　　　　）としない。
きんえん

　1　やめる　　　2　やめた　　　3　やめよう　　　4　やめれば

5　お客様が（　　　　）なったら、会議室にご案内してください。

　1　お見えに　　　　　　　　　2　お目にかかりに
　3　お参りに　　　　　　　　　4　お申しに

6　（　　　　）仕事がいやなら、会社を変えれば？　あなたに合ってないんだよ。

　1　こんなに　　　2　そんなに　　　3　あんなに　　　4　どんなに

7　最近、どの商品も売上が落ちている。（　　　　　　）、新商品の開発を始めることにした。

1　そして　　　　　　2　それとも　　　　　　3　そこで　　　　　　4　そのうえ

8　このアルバイトは、受付でチケットを受け取る（　　　）の簡単な仕事です。

1　だけ　　　　　　2　こと　　　　　　3　しか　　　　　　4　さえ

9　スキヤキ（　　　　）どんな料理ですか。

1　っけ　　　　　　2　って　　　　　　3　っと　　　　　　4　っちゃ

10　困った（　　　　　）、突然パソコンの調子が悪くなって、使えなくなってしまった。

1　ことに　　　　　　2　ことで　　　　　　3　ことが　　　　　　4　ことだ

11　海外旅行に行った妹から連絡がないので、母は心配（　　　　　）ようだ。

1　に違いない　　　　2　しても仕方ない　　　3　にすぎない　　　　4　でならない

12　昨日の晩、眠れない（　　　　　）お腹が痛くなったので、今日は仕事を休んで病院に行った。

1　みたい　　　　　　2　よう　　　　　　3　くらい　　　　　　4　ごろ

13　めがねをかけているからといって、目が悪い（　　　　　）。

1　に限る　　　　　　2　に限らず　　　　　3　に限って　　　　　4　とは限らない

問題2　つぎの文の　★　に入る最もよいものを、1・2・3・4から一つえらびなさい。

（問題例）
れい

つくえの　＿＿＿　＿＿＿　＿★＿　＿＿＿　あります。

　　　1　が　　　　　2　に　　　　　3　上　　　　　4　ペン

（解答のしかた）
かいとう

1．正しい答えはこうなります。

つくえの　＿＿＿　＿＿＿　＿★＿　＿＿＿　あります。
3　上　　　2　に　　　4　ペン　　　1　が

2．＿★＿に入る番号を解答用紙にマークします。
　　　　　ばんごう　かいとう

（解答用紙）　**（例）**　①　②　③　●
　　　　　　　れい

問題2　つぎの文の＿★＿に入る最もよいものを、1・2・3・4から一つえらびなさい。

14 急な出張で、あさってからタイに ＿＿＿ ＿＿＿ ★ ＿＿＿。

1　1週間　　　　　　2　ことに　　　　　　3　行く　　　　　　4　なった

15 代金の ＿＿＿ ＿＿＿ ★ ＿＿＿ 商品はお送りできません。

1　から　　　　　　2　振り込みが　　　　3　でないと　　　　4　完了して

16 この問題は ＿＿＿ ＿＿＿ ★ ＿＿＿ わからない。

1　解決　　　　　　2　どうやって　　　　3　いいか　　　　　4　すれば

17 会社の近くまで来たなら、＿＿＿ ＿＿＿ ★ ＿＿＿ のに。

1　よかった　　　　2　連絡　　　　　　　3　くれれば　　　　4　して

18 申し訳ないのですが、＿＿＿ ＿＿＿ ★ ＿＿＿ でしょうか。

1　ない　　　　　　2　いただけ　　　　　3　午後から　　　　4　休ませて

問題3 つぎの文章を読んで、文章全体の内容を考えて、□から□の中に入る最もよいもの
を、１・２・３・４から一つえらびなさい。

4月

　日本の電車は外国と比べると、遅れることが少ないと言われているが、4月の
東京では、電車が遅れることがよくある。

　日本では4月に会社や学校が新しく始まるので、新しく地方から東京に出て来
た人が多くなる。　19　東京の電車に慣れていない人が、たくさん電車に乗
るわけである。東京の電車は乗る人が非常に多い　20　、電車に乗ると入口
の辺りで　21　、中のほうまで入らないといけない。しかし慣れていない人は、
電車の中のほうまで入ると、自分が降りたい駅で　22　のではないかと不安
になる。それで入口の辺りで止まってしまうのだ。そのため、人の流れが悪くな
り、客同士が押し合っている　23　時間が経ち、電車の出発が遅れてしまう
ということである。

19
1　なぜなら　　　　2　というのは　　　　3　だが　　　　4　つまり

20
1　よう　　　　2　ため　　　　3　うえ　　　　4　もの

21
1　止まって　　　　2　止まったら　　　　3　止まらず　　　　4　止まれば

22
1　降りられなくなる　　　　　　　　2　降りがちになる
3　降りそうになる　　　　　　　　　4　降りたくなくなる

23
1　もとに　　　　2　うちに　　　　3　かわりに　　　　4　ままに

文　法
ぶんぽう

第２回
だいかい

20分　　/23

問題1　つぎの文の（　　）に入れるのに最もよいものを、1・2・3・4から一つえらびなさい。

1　もうすぐ試験なので、図書館で1人で勉強する（　　　　）。

1　そうにない　　　　2　ばかりだ　　　　3　ことにした　　　　4　ものだ

2　英語が（　　　　）ことはないが、だいぶ忘れてしまった。

1　話せる　　　　2　話さない　　　　3　できる　　　　4　できない

3　A「どうして乗らないの。」
　　B「だって高いところは苦手なんだ（　　　）。」

1　かな　　　　2　もん　　　　3　のだ　　　　4　のに

4　彼女は、この時間はきっと家にいる（　　　）だ。

1　べき　　　　2　ため　　　　3　はず　　　　4　から

5　何度すすめても、彼は（　　　　）しなかった。

1　歌おうと　　　　2　歌って　　　　3　歌えば　　　　4　歌っても

6　この時期は目が（　　　）しょうがなくなる。

1　かゆくて　　　　2　かゆくても　　　　3　かゆけば　　　　4　かゆがって

7 この国では結婚式が3日間（　　　　）行われる。

1　に限って　　　　　2　に対して　　　　　3　に関して　　　　　4　にわたって

8 仕事は結婚しても（　　　　）と思っている。

1　続けない　　　　　2　続こう　　　　　3　続けない　　　　　4　続けよう

9 ちょっと（　　　　）ものがあるんですが、よろしいですか。

1　お目にかかりたい　　　　　　　　　2　ご覧になりたい
3　お持ちになりたい　　　　　　　　　4　お見せしたい

10 どうしよう。だんだん緊張し（　　　　）。

1　ていった　　　　2　てきた　　　　3　てばかりだ　　　　4　ておいた

11 この本は（　　　　）読むほどおもしろくなる。

1　読んでも　　　　2　読んで　　　　3　読めたら　　　　4　読めば

12 小さいころ、プールに毎日（　　　　）、すごく嫌だった。

1　行かれて　　　　　　　　　　　　　2　行かせて
3　行かされて　　　　　　　　　　　　4　行かせられて

13 将来、医者になる（　　　　）、医学部に行かなければいけない。

1　のは　　　　　2　ように　　　　　3　には　　　　　4　のに

模擬試験　第1回 文字・語彙　第2回 文字・語彙　第3回 文字・語彙　第1回 文法　第2回 文法　第3回 文法

問題2　つぎの文の　★　に入る最もよいものを、1・2・3・4から一つえらびなさい。

14　去年の ＿＿＿＿ ＿＿＿＿ ★ ＿＿＿＿ ひいていない。

　1　風邪（かぜ）　　　　　　2　冬　　　　　　　　3　以来　　　　　　　4　を

15　高校をきちんと ＿＿＿＿ ＿＿＿＿ ★ ＿＿＿＿ できたのに。

　1　卒業　　　　　　　2　していれば　　　　3　大学受験　　　　　4　さえ

16　高い ＿＿＿＿ ＿＿＿＿ ★ ＿＿＿＿ ではない。

　1　といって　　　　　2　必ずしも　　　　　3　いいもの　　　　　4　から

17　いくらただ ＿＿＿＿ ＿＿＿＿ ★ ＿＿＿＿ ものではない。

　1　だから　　　　　　2　そんなに　　　　　3　といって　　　　　4　もらう

18　靴下を ＿＿＿＿ ＿＿＿＿ ★ ＿＿＿＿ ていたら、どこに行ったかわからなくなった。

　1　っぱなし　　　　　2　し　　　　　　　　3　脱（ぬ）ぎ　　　　　4　に

問題3　つぎの文章を読んで、文章全体の内容を考えて、□から□の中に入る最もよいものを、1・2・3・4から一つえらびなさい。

大人のぬり絵

　最近、大人のぬり絵が注目されている。ぬり絵　19　、子どもの遊びだと思うだろう。しかし、それを大人がすることで、さまざまな効果が期待される。ストレスをなくすために大切なのは、「休むこと・楽しむこと・リラックスすること」　20　。自由に好きな色を選んで塗るだけなので、体と心を休ませることができるし、完成をイメージしながら楽しんで進められる。単純な作業をくり返し、集中できるので、イライラした気持ちや悩んでいることを忘れ、リラックスすることもできる。また、ぬり絵は、頭全体を　21　する作業のため、年を取っていろいろなことを忘れ　22　と感じる人にもおすすめだ。反対に、スマホやパソコンなどを使うことが多い若い人たちにもぜひやってみてもらいたい。　23　、デジタル化によって、ペンで文字を書く機会が減って、指の力が弱く、字が下手になっていたり、目が疲れていたりしているからだ。子どもからお年寄りまで、みんなで楽しめるので家族で作品を見せ合うのもいいかもしれない。

19
1　というのに　　　2　といっても　　　3　とすると　　　4　というと

20
1　そうだ　　　2　はずだ　　　3　ようだ　　　4　らしい

21
1　働きながら　　　　　　　　　2　働かれながら
3　働かせながら　　　　　　　　4　働かされながら

22
1　たらいい　　　2　がちだ　　　3　てたまらない　　　4　たところだ

23
1　というのも　　　2　つまり　　　3　そこで　　　4　したがって

第３回

だい　　かい

20分　／23

問題1　つぎの文の（　　）に入れるのに最もよいものを、1・2・3・4から一つえらびなさい。

1 　給料日前だから、お金がないんです。今日は（　　　　）にしておきます。

1　見るだけ　　　　　2　見ること　　　　　3　見るのこと　　　　4　見たきり

2 　きのうはとても疲れていて、テレビを（　　　　）で寝てしまいました。

1　つけて以来　　　　　　　　　　　　2　つけっぱなし
3　つけたて　　　　　　　　　　　　　4　つけている最中

3 　（　　　　　）、私がよく行っていたレストラン、閉店してしまうそうです。

1　残念な限り　　　　2　残念なことに　　　　3　残念でさえ　　　　4　残念なだけ

4 　雲が多いね。雨が（　　　　）、早く家に帰ろう。

1　降らないうちに　　　　　　　　　　2　降るうちに
3　降ったうらに　　　　　　　　　　　4　降らなかったうちに

5 　母は郵便局に（　　　　）、きれいな切手を買ってきます。

1　行くたびに　　　　2　行ったところ　　　　3　行ったきり　　　　4　行ってばかり

6 　最近、彼女は学校を（　　　　）なので、とても心配です。

1　休みたて　　　　2　休みきり　　　　3　休みかけ　　　　4　休みがち

7　あの店のランチセットは、ごはんの量が多くて（　　　　　）。

1　食べてたまらない　　　　　　　　2　食べきれない
3　食べるようになっている　　　　　4　食べようもない

8　さくらちゃんは12歳だけど、背が高くて、とても（　　　　　）。

1　大人っぽい　　　　2　大人向けだ　　　　3　大人らしい　　　　4　大人向きだ

9　人の話を聞かない彼の（　　　　　）、何度言ってもむだだと思う。

1　ことに　　　　　2　ことにしては　　　3　ことより　　　　4　ことだから

10　本日（　　　　　）、店内のすべての商品が2割引になります。

1　の最中に　　　　2　に限り　　　　　3　によって　　　　4　にしては

11　買い物に（　　　　　）、郵便局でハガキを出してきた。

1　行ってばかり　　　　　　　　　　2　行くとおりに
3　行くついでに　　　　　　　　　　4　行ってはじめて

12　私の住んでいるところは、りんご（　　　　　）、ぶどうやももなどのフルーツが有名
です。

1　にとって　　　　2　を込めて　　　　3　をはじめ　　　　4　のうえに

13　妹がケーキを（　　　　　）いたので、きのう、買って帰った。

1　食べたくて　　　　2　食べそうで　　　　3　食べそうに　　　　4　食べたがって

問題2　つぎの文の　★　に入る最もよいものを、1・2・3・4から一つえらびなさい。

14　＿＿＿＿　＿＿＿＿　★　＿＿＿＿　大変な仕事を頑張ることができるんです。

1　ためだと　　　　2　家族の　　　　3　思う　　　　4　からこそ

15　若いころと　＿＿＿＿　＿＿＿＿　★　＿＿＿＿　太りやすくなっている。

1　違い　　　　2　とるに　　　　3　したがって　　　　4　年を

16　夫に、もっと　＿＿＿＿　＿＿＿＿　★　＿＿＿＿　思っています。

1　と　　　　2　ほしい　　　　3　家事を　　　　4　手伝って

17　アメリカに3年　＿＿＿＿　＿＿＿＿　★　＿＿＿＿　、英語が上手なわけではない。

1　から　　　　2　留学　　　　3　といって　　　　4　していた

18　今回　＿＿＿＿　＿＿＿＿　★　＿＿＿＿　、新しいテーブルや棚を買いました。

1　引っ越し　　　　2　を　　　　3　の　　　　4　きっかけに

問題3 つぎの文章を読んで、文章全体の内容を考えて、□から□の中に入る最もよいものを、1・2・3・4から一つえらびなさい。

地震
じしん

　日本といえば、地震が多い国だ。日本に来る前から、そう聞いていました。私の国には地震はありません。でも、「大きい地震が起こることはめったにない」と聞いていたので、心配はしていませんでした。

　日本に来て2週間経ったある日、大地震が起こりました。夜、 19 　ときでした。大きい音がして、急に大きく揺れました。びっくりして、声が出ませんでした。立っていることが 20 　、大きい揺れでした。棚が倒れました。テレビやコップも落ちて、割れました。床は、落ちた物でいっぱいになってしまいました。

　3分くらい経つと、揺れが止まりました。急いで部屋の外へ出ました。エレベーターは止まっていたので、6階から階段で 21 　。その途中でまた揺れ始めたので、本当に怖くて、ゆっくり降りました。他の部屋に住んでいる友人たちも、外に出ていました。「怖いね」「どうしたらいいんだろう」と話していると、日本人の人が声をかけてくれました。 22 　一緒に近所の小学校へ行くと、たくさんの人がいました。地震で危ないときは、学校に集まることが多いそうです。朝までそこで過ごしました。

　翌日から、少しずつ部屋を片付けました。 23 　2年経ちますが、忘れられないできごとです。

模擬試験

第１回 文字・語彙
第２回 文字・語彙
第３回 文字・語彙
第１回 文法
第２回 文法
第３回 文法

19

1　寝ようとしない　　　　　　　　2　寝ようとしている

3　寝そうにない　　　　　　　　　4　寝ることにする

20

1　できないと　　　　　　　　　　2　できるわけで

3　できるしかない　　　　　　　　4　できないくらい

21

1　降りることにしました　　　　　2　降りることになっていました

3　降りるわけにはいきませんでした　4　降りようがありませんでした

22

1　どちらかの人と　　2　ここの人と　　3　あの人と　　4　その人と

23

1　あれから　　　　2　ある年から　　3　あれなのか　　4　あちらから

● 著者

森本 智子（ルネッサンス ジャパニーズ ランゲージスクール専任講師）
高橋 尚子（熊本外語専門学校専任講師）
黒岩 しづ可（元日本学生支援機構東京日本語センター日本語講師）

レイアウト・DTP	オッコの木スタジオ
カバーデザイン	花本浩一
翻訳	Alex Ko Ransom ／ Nguyen Van Anh

ご意見・ご感想は下記の URL までお寄せください。
https://www.jresearch.co.jp/contact/

日本語能力試験　N3直前対策ドリル＆模試　文字・語彙・文法

平成30年（2018 年）　6月10日　初版第1刷発行
令和 6 年（2024 年）　2月10日　　　第6刷発行

著　　　者　森本智子・高橋尚子・黒岩しづ可
発　行　人　福田富与
発　行　所　有限会社 Ｊリサーチ出版
　　　　　　〒166-0002　東京都杉並区高円寺北 2-29-14-705
電　　　話　03(6808)8801（代）　FAX　03(5364)5310
編　集　部　03(6808)8806
　　　　　　https://www.jresearch.co.jp
　　　　　　twitter 公式アカウント　＠ Jresearch_
　　　　　　https://twitter.com/Jresearch_

印　刷　所　中央精版印刷株式会社

ISBN　978-4-86392-389-8

別冊
べっさつ

解答
かいとう

Separate Volume
Answers and Explanations

Phụ lục
Lời giải, giải thích

解答
かいとう

第1回
だい　かい

問題1　❶3　❷4　❸2　❹2　❺1

▶❹辺＝ヘン／あた-り　例駅の周辺（surrounding area
えき　しゅうへん
／ xung quanh）、この辺り
あた

▶❺相＝ソウ／あい　例相談、電話の相手
そうだん　でんわ　あいて

問題2　❶4　❷2　❸3　❹1

▶❸結＝ケツ、ケッ／むす-ぶ　例結局（ultimately ／
けっきょく
két cục）、結婚
けっこん
局＝キョク　例郵便局、テレビ局
ゆうびんきょく　　きょく

ことばと表現

□ 洗剤 cleanser ／ xà phòng giặt
せんざい

問題3　❶3　❷1　❸4　❹2　❺1

ことばと表現

□ 燃料 fuel ／ nhiên liệu
ねんりょう
□ うらやましい jealous ／ ghen tị
□ コンセント electrical outlet ／ ổ cắm điện
□ 指定(する) (to) designate ／ chỉ định　例会う場所を指定
してい　　　　　　　　　　　　　　　　　あ　ばしょ　してい
する

問題4　❶3　❷2

ことばと表現

□ 暮らす：生活する、住む。　例祖母は一人で
く　　　せいかつ　す　　　　　　そぼ　ひとり
暮らしている。
く
□ 激しい harsh ／ dữ dội　例激しい雨／変化が激しい。
はげ　　　　　　　　　　　はげ　あめ　へんか　はげ

問題5　❶4　❷1

ことばと表現

□ 似合う：服や髪型などがその人に合っている。
にあ　　　ふく　かみがた　　　　　ひと　あ
例赤い服がよく似合う
あか　ふく　　　にあ
□ 勝手(な) selfish ／ tự tiện　例勝手に部屋に入る
かって　　　　　　　　　　　かって　へや　はい

第2回
だい　かい

問題1　❶2　❷1　❸4　❹3　❺4

▶❶解＝カイ、ゲ／と-く、と-ける　例理解する、
りかい
問題を解く
もんだい　と

▶❺形＝ケイ、ギョウ／かた、かたち　例テスト
の形式、人形
けいしき　にんぎょう

ことばと表現

□ (味が)薄い weak ／ vị nhạt
あじ　うす

問題2　❶2　❷4　❸1　❹2

▶❶親＝シン／おや、した-しい　例両親、母親、
りょうしん　ははおや
親しい友人
した　　　ゆうじん
▶❸連＝レン／つ-れる　例連絡、妹を連れて行く
れんらく　いもうと　つ　　い

問題3　❶3　❷4　❸1　❹4　❺3

ことばと表現

□ 文句を言う to complain ／ kêu ca, phàn nàn
もんく　い
□ まぶしい：光が強くて見られない状態。
ひかり　つよ　み　　　　じょうたい
例太陽がまぶしい。
たいよう
□ ほぼ：全部ではないが大部分。だいたい、ほ
ぜんぶ　　　　　だいぶぶん
とんど。

問題4　❶2　❷1

ことばと表現

□ いきなり：突然何かが起こる様子。　例彼女
とつぜんなに　お　　　ようす　　　　かのじょ
がいきなり泣き出して驚いた。
な　だ　　おどろ

問題5　❶3　❷2

ことばと表現

□ 平気(な)：困ったり心配したりしない。
へいき　　　こま　　　しんぱい
□ 思わず～ ～ without thinking ／ không suy nghĩ
おも

第3回
だい　かい

問題1　❶2　❷4　❸3　❹3　❺1

▶❶物＝ブツ／モツ／もの　例動物、荷物、食べ物
もの　　　　　　　　　　　どうぶつ　にもつ　た　もの

ことばと表現

□ 手が空いている：今やらなければならないこ
て　あ　　　　　　いま
とが特にない。
とく

問題2　❶4　❷2　❸4　❹3

▶❸調＝チョウ／しら-べる　例体の調子、辞書
からだ　ちょうし　じしょ
で調べる
しら

ことばと表現

□ 担当 person in charge ／ đảm nhiệm, phụ trách
たんとう

問題3　❶1　❷3　❸2　❹4　❺2

ことばと表現

□ かゆい itchy ／ ngứa
□ 成人 adult ／ người trưởng thành
せいじん
□ すっきり：不必要なものがなくなって、気分
ふひつよう　　　　　　　　　　　きぶん
がいい状態　例髪を切ってすっきりした。
じょうたい　　かみ　き

□ 係（かかり） person in charge ／ nhóm　　例案内係（あんないがかり）

【問題4】 ❶4　❷2

ことばと表現

□ 徐々に（じょじょ）：少しずつ変化する様子。　例徐々に増える（じょじょにふえる）

□ カット：切る（きる）、削る（けずる）、切り捨てる（きりすてる）、省略する（しょうりゃく）。英cut より。

【問題5】 ❶2　❷4

▶❶1は「年上（としうえ）」、3は「人気がある（にんき）」、4は「強い（つよい）」など。

ことばと表現

□ 偉い（えらい）：地位（ちい）や身分（みぶん）が高い（たか）。人間性（にんげんせい）や行動（こうどう）が素晴らしい（すばらしい）。（High in location or status. Excellent in nature or actions. ／ Có địa vị hay thân thế cao. Con người và hành động đều đáng nể.）

□ ボリューム：量（りょう）。音（おと）の大きさ（おお）。

第4回（だいよんかい）

【問題1】 ❶2　❷3　❸2　❹4　❺1

▶❹生＝セイ、ショウ／い-きる、う-まれる、なま　例生の魚を食べる（なまのさかなをたべる）

ことばと表現

□ 交流（こうりゅう）（する） (to) exchange ／ giao lưu

【問題2】 ❶3　❷1　❸2　❹4

▶❶進＝シン／すす-む、すす-める　例進学（しんがく）、前に進む（まえにすすむ）。

▶❷心＝シン／こころ　例心配（しんぱい）、中心（ちゅうしん）、心から願う（こころからねがう）

▶❸熱＝ネツ／あつ-い　例熱が出る（ねつがでる）、熱いお茶（あついおちゃ）

ことばと表現

□ 返信（へんしん）（する）：メールや手紙（てがみ）などの返事（へんじ）。

【問題3】 ❶2　❷1　❸3　❹4　❺3

ことばと表現

□ 幼い（おさない） young ／ thơ dại, bé bỏng

□ 仲間（なかま）：同じ目的（おなじもくてき）を持って（も）一緒に何か（いっしょになに）をする人（ひと）。例バイト仲間（なかま）

□ 取り入れる（とりいれる） take in ／ đưa vào

□ ついに at last ／ cuối cùng

例3回試験を受けて（かいしけんをうけて）、ついに合格した（ごうかく）。

□ ぼろぼろ ragged ／ cũ kĩ, rách nát

【問題4】 ❶2　❷1

ことばと表現

□ 検索（けんさく）（する） (to) search ／ tìm kiếm

□ 楽（らく）（な） easy ／ nhẹ nhàng, đơn giản　例仕事が減って（しごとがへ）楽に（らく）なった。／簡単だから（かんたん）、楽に（らく）できた。

【問題5】 ❶3　❷4

▶❶1は「偶然（ぐうぜん）」「久しぶりに（ひさ）」、2は「必ず（かならず）」、4は「よく」などの意味（いみ）。

ことばと表現

□ たまに occasionally ／ thỉnh thoảng

例あの店にはたまに行く（みせ・い）。

□ スムーズ（な） smoothly ／ thuận lợi, trôi chảy

例会議が（かいぎ）スムーズに進んだ（すす）。

第5回（だいごかい）

【問題1】 ❶4　❷2　❸4　❹1　❺3

▶❷急＝キュウ／いそ-ぐ　例急な用事（きゅうなようじ）、急いで帰る（いそいでかえる）

▶❺音＝オン／おと　例音楽（おんがく）、足音（あしおと）

ことばと表現

□ 騒音（そうおん） noise ／ tiếng ồn

【問題2】 ❶3　❷3　❸1　❹4

▶❸公＝コウ　例公園（こうえん）、公務員（こうむいん）
害＝ガイ　例公害（こうがい）、災害（さいがい）

ことばと表現

□ 口が固い（くちがかたい） tight-lipped ／ kín tiếng

【問題3】 ❶2　❷4　❸1　❹2　❺3

ことばと表現

□ 勤務（きんむ）（する） (to) work ／ làm việc

□ （メモを）とる：聞いたこと（き）をノートなどに書くこと（か）。

□ だんだん increasingly ／ dần dần

□ アナウンス：放送で伝えること（ほうそう・つた）。英announce より。

□ おしゃれ（な） stylish ／ đẹp, trưng diện

【問題4】 ❶3　❷4

ことばと表現

□ あいまい（な） vague ／ nửa vời

問題5　❶2　❷4

▸ ❷1は「注文」、2は「計画」、3は「期待」などの意味。
ちゅうもん　　　けいかく　　　　　　き たい　　　　　　　い み

ことばと表現

□ 世話をする　to attend ／ chăm sóc　例 妹 の世話をする
せ わ　　　　　　　　　　　　　　　　　　　　いもうと　せ わ

第6回
だい　　　かい

問題1　❶3　❷4　❸2　❹1　❺2

▸ ❸生＝セイ、ショウ／い-きる、う-まれる、う-む　例生活、一生（all one's life ／ cả đời）
せいかつ　いっしょう

問題2　❶2　❷3　❸4　❹1

▸ ❷常＝ジョウ／つね　例常識（common sense ／ thường thức）
じょうしき

▸ ❹変＝ヘン／か-わる　例変更（change ／ thay đổi）
へんこう

問題3　❶4　❷2　❸1　❹3　❺1

ことばと表現

□ 物価　prices ／ vật giá
ぶっか
□ 会計（する）(to perform) accounting ／ tính tiền, thanh toán
かいけい
□ 両替（する）(to) exchange money ／ đổi tiền
りょうがえ
□ 出勤（する）(to) go to work ／ đi làm
しゅっきん
□ 窓側　window side ／ phía cửa sổ
まどがわ
□ うっかり　carelessly ／ lơ đễnh
□ アクセント　accent ／ trọng âm

問題4　❶4　❷2

ことばと表現

□ 面接（する）(to) interview ／ phỏng vấn
めんせつ
□ 待ち合わせ（する）(to) wait for ／ hẹn gặp
ま　あ

問題5　❶4　❷1

▸ ❶1は「食事」、2は「資料」、3は「機能」などが合う。
しょくじ　　　しりょう　　　き のう　　　　あ

▸ ❷2は「下げた」、3は「降りた」、4は「落とした」などが合う。
さ　　　　　　お　　　　　　　お　　　　あ

ことばと表現

□ 材料　materials ／ nguyên liệu
ざいりょう
□ おろす　take out (money) ／ rút (tiền)

第7回
だい　　　かい

問題1　❶4　❷4　❸3　❹3　❺3

▸ ❺受＝ジュ／う-ける　例受信（する）(to receive ／ nhận tin)
じゅしん

ことばと表現

□ 首都　capital ／ thủ đô
しゅ と
□ 反応（する）(to) react ／ phản ứng
はんのう
□ 照る　shine ／ chiếu sáng
て

問題2　❶2　❷1　❸2　❹4

▸ ❶行＝コウ、ギョウ／い-く、おこな-う　例銀行、行列（line ／ xếp hàng）
ぎんこう　ぎょうれつ

問題3　❶4　❷2　❸2　❹1　❺3

▸ ❶親＝シン／おや、した-しい　例両親、母親、親しい（familiar ／ thân thiết）
りょうしん　ははおや　した

ことばと表現

□ 険しい　precipitous ／ cheo leo, nguy hiểm
けわ
□ 詳しい　detailed ／ cụ thể, chi tiết
くわ
□ 学費　tuition ／ học phí
がく ひ
□ ～気がする　feel like ～ ／ cảm thấy ~
き
□ 整理（する）(to) arrange ／ sắp xếp
せい り
□ バランス　balance ／ cân bằng

問題4　❶1　❷3

ことばと表現

□ 本当は　in truth ／ thực ra
ほんとう
□ 普通の　regular ／ bình thường
ふ つう

問題5　❶2　❷4

▸ ❶1は「素直」、3は「まじめ」、4は「不安」などの意味。
すなお　　　　　　　　　　　　　ふ あん　　　　い み

▸ ❷1は「趣味で集めること」、2は「募金」、3は「応募」などの意味。
しゅみ　あつ　　　　　　　　ぼ きん　　　　おうぼ　　　　い み

ことばと表現

□ けち（な）stingy ／ keo kiệt
□ 募集（する）(to) recruit ／ tuyển người
ぼ しゅう

第8回（だいはっかい）

問題1　❶1　❷2　❸3　❹3　❺2

ことばと表現

- □ 選挙（せんきょ）election ／ bầu cử
- □ 市場（しじょう）market ／ chợ, thị trường
- □ 競争（する）（きょうそう）(to) compete ／ cạnh tranh

問題2　❶1　❷3　❸2　❹1

ことばと表現

- □ 気候（きこう）climate ／ khí hậu

問題3　❶3　❷4　❸3　❹1　❺2

ことばと表現

- □ 常識（じょうしき）common sense ／ thường thức
- □ 口が軽い（くちがかるい）loose-lipped ／ hay chuyện：秘密（ひみつ）などをすぐ人（ひと）に言ってしまう。
- □ 信用（する）（しんよう）(to) trust ／ tin tưởng
- □ 興奮（する）（こうふん）(to get) excited ／ hưng phấn
- □ なるべく as possible ／ nếu được …
- □ ～きる：残さず全部～。（のこさずぜんぶ）

問題4　❶4　❷2

ことばと表現

- □ ついに at last ／ cuối cùng

問題5　❶4　❷2

- ▶❶1、2は「冷えて」（ひえて）、3は「下がった」（さがった）などの意味（いみ）。
- ▶❷1は「性格」（せいかく）、3は「長所」（ちょうしょ）、4は「才能」（さいのう）などの意味（いみ）。

ことばと表現

- □ 冷める（さめる）get cold ／ nguội
- □ 性能（せいのう）capacity ／ tính năng

第9回（だいきゅうかい）

問題1　❶4　❷2　❸4　❹3　❺4

ことばと表現

- □ 中央（ちゅうおう）center ／ trung ương

問題2　❶2　❷4　❸1　❹2

- ▶❹治：ジ、チ／なお-る、なお-す　例政治、治療（せいじ、ちりょう）（treatment ／ chữa trị）、治る（なおる）（heal ／ khỏi bệnh）

ことばと表現

- □ 記録（する）（きろく）(to) document ／ lập kỉ lục, ghi lại
- □ 約～（やく）about ～ ／ khoảng ~
- □ 車輪（しゃりん）wheel ／ bánh xe

問題3　❶4　❷3　❸4　❹3　❺2

ことばと表現

- □ 渋滞（する）（じゅうたい）(to get) backed up ／ tắc đường
- □ アイディア idea ／ ý tưởng
- □ 守る（まもる）protect ／ bảo vệ
- □ ぼろぼろ ragged ／ cũ rích
- □ うらやましい jealous ／ ghen tị

問題4　❶3　❷2

問題5　❶3　❷4

- ▶❶1は「しっかり」、2は「突然」（とつぜん）、4は「ちゃんと」などの意味（いみ）。
- ▶❷1は「出場」（しゅつじょう）、2は「見学」（けんがく）、3は「見たら」（みたら）などの意味（いみ）。

ことばと表現

- □ 結局（けっきょく）ultimately ／ kết cục
- □ 見物（する）（けんぶつ）(to) view ／ ngắm, tham quan

第10回（だいじゅっかい）

問題1　❶1　❷2　❸1　❹2　❺3

ことばと表現

- □ 修理（しゅうり）repair ／ sửa
- □ 畑（はたけ）field ／ ruộng
- □ 児童（じどう）：子供（こども）。特（とく）に6～12歳（さい）の子供（こども）。
- □ 失敗（しっぱい）falure ／ thất bại

問題2　❶4　❷1　❸4　❹3

ことばと表現

- □ 血（ち）blood ／ máu
- □ 関係者（かんけいしゃ）：あることがらに関係（かんけい）のある人（ひと）。

問題3　❶4　❷2　❸4　❹2　❺4

ことばと表現

- □ 許可（する）（きょか）(to) permit ／ cho phép
- □ ボリューム：量（りょう）
- □ じっくり：落（お）ち着（つ）いて、ゆっくり物事（ものごと）をする様子（ようす）。

問題4　❶2　❷2

□ ～だす：～し始める
　　　　　　　　（はじ）
□ わがまま(な)　selfish／bướng bỉnh

問題5　❶4　❷2

▶ ❶1は「発売」、2は「報告」、3は「連絡」な
　　　　　　（はつばい）　　（ほうこく）　　　（れんらく）
　ど の意味。
　　　（いみ）
▶ ❷1は「正確に」、3は「自由に」、4は「そろ
　　　　　（せいかく）　　　（じゆう）
　そろ」などの意味。
　　　　　　　　（いみ）

ことばと表現

□ 発表(する)　(to) announce／phát biểu
　（はっぴょう）
□ たしか　if I remember correctly／đúng là ～
□ 水族館　aquarium／thủy cung
　（すいぞくかん）

第11回
（だい　かい）

問題1　❶2　❷4　❸3　❹1　❺4

ことばと表現

□ 熱心(な)　passionate／nhiệt tình
　（ねっしん）
□ 身長：背の高さ。
　（しんちょう）（せ）（たか）

問題2　❶3　❷2　❸3　❹3

問題3　❶1　❷4　❸2　❹1　❺3

ことばと表現

□ 就職(する)　(to become) employed／đi làm
　（しゅうしょく）
□ 入力(する)　(to) input／nhập dữ liệu
　（にゅうりょく）
□ 取り替える　exchange／thay mới
　（と）（か）
□ ～だす：～はじめる
□ 乗り過ごす：気がつかず、降りる予定の駅で
　（の）（す）　　（き）　　　　（お）（よてい）（えき）
　降りないで、そのまま乗ってしまう。
　（お）　　　　　　　　　（の）

問題4　❶1　❷3

ことばと表現

□ 気に入る　to be pleased／thích
　（き）（い）
□ おとなしい　good-natured／ít nói

問題5　❶2　❷1

ことばと表現

□ 提出(する)　(to) submit／nộp
　（ていしゅつ）
□ 伝言(する)　(to) communicate／để lại lời nhắn
　（でんごん）

第12回
（だい　かい）

問題1　❶1　❷1　❸3　❹3　❺3

ことばと表現

□ 祝日　holiday／ngày lễ
　（しゅくじつ）

問題2　❶1　❷3　❸3　❹2

ことばと表現

□ 労働　labor／lao động
　（ろうどう）

問題3　❶3　❷1　❸3　❹4　❺1

ことばと表現

□ けち(な)　stingy／keo kiệt
□ 書類　documents／tài liệu
　（しょるい）
□ 順番　order／thứ tự
　（じゅんばん）
□ 家賃　rent／tiền thuê nhà
　（やちん）
□ サイズ　size／cỡ

問題4　❶3　❷4

問題5　❶1　❷2

▶ ❷1は「正解」、3は「確か」、4は「本当」な
　　　　　（せいかい）　　（たし）　　　（ほんとう）
　どの意味。
　　　（いみ）

ことばと表現

□ 両替(する)　(to) exchange money／đổi tiền
　（りょうがえ）
□ 正確(な)　accurate／chính xác
　（せいかく）

第13回
（だい　かい）

問題1　❶1　❷2　❸3　❹3　❺1

ことばと表現

□ 満員　full of people／hết chỗ
　（まんいん）

問題2　❶2　❷1　❸4　❹1

ことばと表現

□ 習慣　custom(s)／tập quán
　（しゅうかん）
□ 原因　cause／nguyên nhân
　（げんいん）

問題3　❶4　❷1　❸3　❹2　❺1

ことばと表現

□ リサイクル(する)　to relax／thư giãn
□ 送信(する)：メールを送ること。
　（そうしん）　　　　　（おく）
□ かゆい　itchy／ngứa
□ 解く　undo／giải
　（と）
□ だます　fool; cheat／lừa

問題4　❶1　❷3

ことばと表現

□ スペース space ／ không gian
□ ほっとする feel relieved ／ thở phào

問題5　❶3　❷3

▶ ❷1は「直接」、2は「簡単」、4は「真っすぐ」などの意味。

ことばと表現

□ 思い出す recall ／ nhớ ra
□ 素直（な）honest ／ thẳng thắn

第14回

問題1　❶3　❷1　❸3　❹1　❺3

ことばと表現

▶ 直＝ジキ、チョク／なお-る、なお-す　例 正直（な）（honest ／ thẳng thắn）、直接、直す

問題2　❶4　❷3　❸1　❹2　❺3

ことばと表現

□ 不満（な）dissatisfying ／ bất mãn
□ 交換（する）(to) exchange ／ trao đổi

問題3　❶4　❷1　❸2　❹4　❺1

ことばと表現

□ 飽きる get bored ／ chán ngán
□ 満足（する）(to be) satisfied ／ mãn nguyện
□ 許可（する）(to) permit ／ cho phép
□ 開発（する）(to) develop ／ phát triển
□ 締め切り deadline ／ hết hạn

問題4　❶2　❷3

ことばと表現

□ 豊か（な）abundant ／ phong phú
□ 意外（な）unexpected ／ không ngờ

問題5　❶2　❷1

ことばと表現

□ 問い合わせる inquire ／ thắc mắc
□ キャンセル（する）(to) cancel ／ hủy

第15回

問題1　❶3　❷2　❸1　❹4　❺3

ことばと表現

□ 過去 past ／ quá khứ
□ 内容 content ／ nội dung
□ 経営（する）(to) manage ／ kinh doanh

問題2　❶1　❷4　❸2　❹2　❺1

ことばと表現

□ いっぱい lots; full ／ nhiều, đầy

問題3　❶1　❷4　❸4　❹1　❺1

ことばと表現

□ 平均 average ／ bình quân
□ いらいら（する）(to feel) annoyed ／ sốt ruột, khó chịu
□ 悔しい vexed ／ tiếc, cay cú
□ そっくり exactly ／ giống hệt

問題4　❶3　❷3

ことばと表現

□ あわてる confused; panicked ／ hoảng hốt, cuống cuồng
□ 腹が立つ get annoyed ／ bực bội

問題5　❶1　❷4

▶ ❶2は「日にち」、2は「期間」、4は「時、季節」などの意味。

ことばと表現

□ 期限 time limit ／ thời hạn
□ 冷やす chill ／ làm lạnh

テーマ別ミニ特訓講座
べつ　　　　とっくんこうざ

確認ドリル

1. 自他動詞
じ　た　どう　し

① a ② b ③ b ④ a ⑤ a ⑥ b ⑦ b ⑧ a
⑨ a ⑩ a

2. 複合動詞①
ふくごうどう し

① a ② b ③ b ④ b ⑤ a ⑥ b ⑦ b ⑧ a
⑨ b ⑩ a

3. 複合動詞②
ふくごうどう し

① a ② a ③ a ④ b ⑤ a ⑥ a ⑦ b ⑧ b
⑨ b ⑩ b

4. する動詞
どう し

① b ② a ③ a ④ a ⑤ b ⑥ a ⑦ b ⑧ a
⑨ a ⑩ b

5. いろいろな意味のある動詞
い　み　　　　　どうし

① a ② c ③ b ④ b, a ⑤ c ⑥ a ⑦ a
⑧ a

6. い形容詞
けいようし

① a ② c ③ c ④ a ⑤ b ⑥ a ⑦ b ⑧ b
⑨ c ⑩ a

7. な形容詞
けいよう し

① b ② a ③ b ④ c ⑤ a ⑥ c ⑦ a ⑧ b
⑨ a ⑩ c

8. 対義語①
たい ぎ ご

① a ② b ③ a ④ b ⑤ b ⑥ a ⑦ a ⑧ a

9. 対義語②
たい ぎ ご

① a ② b ③ b ④ a ⑤ b ⑥ b ⑦ b ⑧ b

10. 副詞
ふくし

① a ② a ③ c ④ b ⑤ c ⑥ a ⑦ c ⑧ b
⑨ b ⑩ a

11. 擬音語・擬態語
ぎ おんご　　ぎ たいご

① c ② b ③ c ④ a ⑤ c ⑥ a ⑦ b ⑧ a
⑨ c ⑩ b

12. カタカナ語①
ご

① a ② b ③ a ④ c ⑤ c ⑥ a ⑦ a ⑧ b
⑨ b ⑩ c

13. カタカナ語②
ご

① b ② c ③ c ④ a ⑤ b ⑥ a ⑦ c ⑧ b
⑨ c ⑩ b

解答
かいとう

や役割を表す語が入る。
▶ ❺「午後 12 時から午後 3 時の間は花粉が飛び
やすい」⇒「午後になる前」を表す語が入る。

第1回
だい　　かい

問題1　❶2　❷1　❸4　❹1　❺3　❻2

ことばと表現

□ ～にしては　例日曜日にしてはデパートのお
客が少ない。（＝～のイメージと違って）

□ ～によって　例場所によって料理の味が違う。
（＝～それぞれで、～が変わればそれに合わせて）

問題2　❶3　❷3

▶ ❶ 100 万円 4もする 2かばんなんて 3少しも
1ほしい と思わない。

▶ ❷この文章は、日本語が2かなり 4できる 3人
1じゃないと 理解できないだろう。

問題3　❶2　❷1　❸3　❹2　❺4

▶ ❶前の文の「忙しいとき」を指す語が入る。

▶ ❷〈自分ではなく、お掃除ロボットが掃除をす
ること〉を表す表現が入る。

▶ ❹後ろに〈お掃除ロボットができること〉がも
う一つ書かれている⇒説明を加えるときの表
現が入る。

第2回
だい　　かい

問題1　❶2　❷4　❸2　❹3　❺1　❻4

ことばと表現

□ ～たびに　例友達は旅行に行くたびにお土産
をくれる。（＝～するときはいつも、毎回）

□ ～だっけ？　例今日は水曜日だっけ？（＝確認
するときの表現）

問題2　❶1　❷1

▶ ❶今からでは 2どんなに 4急いでも 1完成
3させられない だろう。

▶ ❷社会人になったばかりだから、仕事が 3うま
く 4できなく 1ても 2しかたが ないよ。

問題3　❶3　❷1　❸4　❹1　❺2

▶ ❶「見る」のは筆者なので「受身形」は使わない。

▶ ❸「予防する方法」を紹介しているので、手段

第3回
だい　　かい

問題1　❶3　❷2　❸3　❹1　❺4　❻2

ことばと表現

□ ～まで　例この高級列車にはお風呂までつい
ている。（＝予想以上で～だ）

□ ～そうにない　例6時には間に合いそうにな
い。（＝～できない可能性が高い）

□ ～さえ～ば　例パソコンさえあれば、どこで
も仕事ができる。（＝～があれば、ほかは必要ない）

問題2　❶2　❷1

▶ ❶売上が伸びない 4のは 1宣伝方法が 2よくな
い 3から だろうか。

▶ ❷田中さんは朝から 2休憩 4も 取ら 3ずに
作業を続けている。

問題3　❶1　❷3　❸2　❹3　❺1

▶ ❷人ではない「お花見」が主語なので、動詞は
受身形。

▶ ❸「日本人だけではない」という意味の語が入
る。

▶ ❹期間を表す語が入る。

第4回
だい　　かい

問題1　❶3　❷2　❸4　❹2　❺3　❻1

ことばと表現

□ ～おそれがある　例負けるおそれがある。
（＝～する可能性がある）

□ ～までもない　例社長が行くまでもない。
（＝～する必要はない）

問題2　❶2　❷1

▶ ❶彼女は、原さんとのケンカについては、
1あまり 3話したがり 2ません 4でした。

▶ ❷4年間も一人暮らしをしていたのだから、
4家事が 2できない 1わけが 3ない。

問題3　❶2　❷4　❸3　❹1　❺3

▶ ❷あとに来る「なかなか～ない」の文は、前の

文に対して、否定的な内容。

▶ ❹「お金に余裕があること」が、「高いサラダを
買う」という結果につながる。

第5回
だい　かい

問題1　❶4　❷2　❸1　❹3　❺3　❻2

ことばと表現

□ 〜せいで　例 電車が遅れたせいで、会社に遅
刻した。（＝〜が原因で）

□ 〜として　例 彼は医者だが、作家としても有
名だ。（＝〜の立場で）

問題2　❶1　❷3

▶ ❶昨日の晩は ₂まるで ₄台風の ₁ような ₃強い
風 が吹いていた。

▶ ❷同僚に明日までに資料が作れるか ₄聞いてみ
た ₂ところ ₃難しい ₁という 返事だった。

問題3　❶2　❷4　❸1　❹2　❺4

▶ ❷「燃料価格が上がる」ことと「値上がりする」
ことが関係していることを表す表現が入る。

▶ ❸「ニュースで知った」という伝聞表現が入る。

▶ ❹「輸入しなければならない」という意味を表
す表現が入る。

第6回
だい　かい

問題1　❶2　❷1　❸3　❹4　❺2　❻1

ことばと表現

□ 〜しかない　例 もう、やるしかない。（＝〜す
る以外に方法はない）

問題2　❶3　❷4

▶ ❶田中さんの話では、来週、₄新しい店が ₁オー
プンする ₃という ₂ことだ。

▶ ❷どうしても ₃仕事を ₁休む ₄わけには ₂いか
ない ので、薬を飲んで出勤した。

問題3　❶4　❷2　❸4　❹2　❺1

▶ ❸前の文の理由を後の文で話している。文末が
「からです」で終わっているのがヒント。

第7回
だい　かい

問題1　❶3　❷1　❸4　❹3　❺4　❻2

□ 〜わけじゃない　例 行きたくないわけじゃな
い。（＝〜ということではない）

□ どんなに〜ことか　例 どんなに恥ずかしかっ
たことか。（＝言い表せないくらい、とても〜だった）

問題2　❶2　❷4

▶ ❶ここで ₄過ごした ₃二年間は ₂決して ₁忘れ
ない と思います。

▶ ❷授業中に ₃手紙を ₁書いて ₄いる ₂ところを
先生に見られてしまった。

問題3　❶4　❷1　❸3　❹2　❺2

▶ ❹祝日が少ないヨーロッパなどの国の話と日
本の話を比べている。「日本は」から始まっ
ている点もポイント。

第8回
だい　かい

問題1　❶2　❷1　❸3　❹4　❺3　❻2

□ 〜からして　例 あの髪型からして、公務員で
はないだろう。（＝〜から明らかなように）

問題2　❶2　❷1

▶ ❶そんな体の状態で運転すると、事故に ₃なり
₁かねない ₂ので ₄絶対に やめてください。

▶ ❷もし、₄百万円 ₂当たった ₁と ₃したら、何
をしたいですか。

問題3　❶3　❷2　❸1　❹2　❺3

▶ ❷マスクをつける理由である前の文（弱点を隠
すため：理由①）にもう1つ理由（コミュニ
ケーションを避けるため：理由②）を足して
いる。前の文も後の文も、マスクをつける理
由であることがポイント。

第9回
だい　かい

問題1　❶3　❷4　❸1　❹2　❺3　❻3

ことばと表現

□ 〜以来　例 その日以来、彼に会っていない。（＝
〜からずっと）

□ 〜ほど…はない　例彼ほどよくしゃべる男は
いない。（＝〜は一番…だ、〜は非常に…だ）

問題2　❶3　❷3

▶❶一生懸命 ₂勉強した ₁から ₃こそ ₄合格で
きた。

▶❷あんな男に ₂負ける ₄なんて ₃くやしくて
₁仕方が なかった。

問題3　❶1　❷3　❸2　❹4　❺1

▶❸前の文（住みたい町を探した）の結果、後の文
（部屋を見つけられた）の出来事が起こった。

第10回

問題1　❶3　❷2　❸1　❹4　❺3　❻3

ことばと表現

□ 〜することだ　例上手くなるには、とにかく
練習することだ。（＝〜することが大切だ）

問題2　❶1　❷4

▶❶子どもを ₂産む ₄からといって ₁仕事を
₃やめる 必要はないと思う。

▶❷同じ ₃ような ₁マンションでも ₄場所 ₂に
よって 家賃が全然違う。

問題3　❶4　❷2　❸1　❹3　❺3

▶❸前の文（感動した）に後の文（驚かされた）
を足して、〈感動しただけでなく、驚いたこと〉
を伝えている。

第11回

問題1　❶1　❷3　❸2　❹1　❺4　❻3

ことばと表現

□ 〜ほど…　例涙が出るほどうれしかった。
　（＝〜くらい…）

□ 〜わけがない　例彼が負けるわけがない。
　（＝〜ことは考えられない）

問題2　❶4　❷2

▶❶午後の会議に ₃部長が ₁出席される ₄か
₂どうか 課長はご存じですか。

▶❷革の財布は ₃長く ₄使えば ₂使うほど ₁いい
色 になる。

問題3　❶2　❷4　❸3　❹2　❺1

▶❹「美咲さんが」の「が」がポイント。「Aが
（私に）〜てくれる」の形か、「（私は）Aに
〜てもらう」の形か、確認する。「美咲さんに」
なら「助けて＋もらわなかったら」になる。

第12回

問題1　❶2　❷1　❸2　❹2　❺4　❻2

ことばと表現

□ 〜ようがない　例連絡したくても、連絡しよ
うがない。（＝〜する方法がない、〜できない）

□ 〜ついでに…　例買い物に行くついでに、郵
便局に寄った。（＝〜する機会を利用して…）

問題2　❶4　❷2

▶❶田中さんとは、もう10年も ₁前に ₂会った
₄きり ₃で、それから一度も会っていません。

▶❷これは ₃私の ₁意見に ₂すぎない ₄ので、ほ
かの人にも聞いてみてくださいね。

問題3　❶1　❷3　❸2　❹2　❺2

▶❺前の文で〈長年続けられたことは簡単に変え
られない〉⇒〈「2列に並ぶ」ように変える
のは簡単ではない〉ことを述べている。

第13回

問題1　❶3　❷2　❸1　❹4　❺3　❻2

ことばと表現

□ 〜一方だ　例彼女に嫌われる一方です。（＝〜
の方向にどんどん進むだけだ）

□ 〜の最中に　例食事の最中に電話がかかって
きた。（＝ちょうど〜のときに、〜の一番中心のと
きに）

問題2　❶4　❷4

▶❶大きい ₃病気に ₂なって ₄はじめて ₁健康の
大切さに気がつきました。

▶❷₂焼き ₁たての ₄パンを ₃買って、サンドイッ
チを作るつもりです。

問題3　❶1　❷4　❸1　❹2　❺4

▶❺「〜ことにする」で、これからの自分の意志
や目標を表すことができる。最後の文は、

「私も、まず……」と、「自分もこれからそう
わたし　　　　　　　　　　じぶん
しよう」という意志を表す文になっている。
　　　　　　　いし　あらわ　ぶん

第14回
だい　　　かい

問題1　❶1　❷3　❸4　❹2　❺4　❻3

ことばと表現

□ 〜にともなって　例 結婚にともなって、引っ
　　　　　　　　　　けっこん　　　　　　　ひ
越しすることになった。（＝〜に合わせて、〜といっ
こ　　　　　　　　　　　　　　あ
しょに）

問題2　❶3　❷3

▶ ❶松田さんが ₄入院する ₂ことに ₃なる ₁なん
　　まつだ　　　にゅういん
て、びっくりしました。

▶ ❷英語の勉強をやめた ₄わけ ₁では ₃ない ₂ん
　　えいご　べんきょう
ですが、少し忘れてしまったんです。
　　　　　すこ　わす

問題3　❶2　❷4　❸2　❹2　❺3

▶ ❷前後の情報を比べる。前の「あまり売れなかっ
　　ぜんご　じょうほう　くら　　まえ　　　　　　　う
た」に対して、逆に、あとで「売れるように
　　　たい　　　　ぎゃく　　　　　　　う
なった」と言っている。
　　　　　　い

第15回
だい　　　かい

問題1　❶1　❷3　❸2　❹1　❺2　❻2

ことばと表現

□ 〜のせいで　例 私のミスのせいで、試合に負
　　　　　　　　　わたし　　　　　　　しあい　ま
けてしまった。（＝〜が原因で）
　　　　　　　　　　　げんいん

□ 〜てしょうがない　例 眠くてしょうがない。
　　　　　　　　　　　　　ねむ
（＝がまんできないくらい〜、とても〜）

問題2　❶4　❷3

▶ ❶山田さんが約束の時間に遅刻する ₂なんて
　　やまだ　　　やくそく　じかん　ちこく
₁何か ₄理由が ₃あるに 違いない。
　なに　　りゆう　　　　　　ちが

▶ ❷₄学生の ₂方に ₃限り ₁500円の 入場料が
　　がくせい　かた　　かぎ　　　えん　にゅうじょうりょう
300円になります。
　えん

問題3　❶1　❷4　❸1　❹2　❺3

▶ ❶「ある＋N（人）」は、人物が話の中で最初に
　　　　　　　　ひと　　　じんぶつ　はなし　なか　さいしょ
出るときに使われる表現。
で　　　　　つか　　　ひょうげん
例「ある男が……」「ある女性に……」
　　　おとこ　　　　　　じょせい

▶ ❹あとで、「次に……」「そして……」と続けて
　　　　　　つぎ　　　　　　　　　　　　つづ
いるので、〈その前に来るもの⇒一番最初に
　　　　　　　まえ　く　　　　　いちばんさいしょ
来るもの〉を選ぶ。
く　　　　　えら

テーマ別ミニ特訓講座
べつ　　　　とっくんこうざ

確認ドリル

1. 助詞①
じょし

① c　② c, c, a　③ c　④ c　⑤ b　⑥ c　⑦ c
⑧ a, b

2. 助詞②
じょし

① a　② c　③ a　④ b　⑤ c　⑥ b　⑦ a
⑧ a, a

3. 接続表現①
せつぞくひょうげん

① a　② a　③ b　④ a　⑤ b　⑥ a　⑦ b　⑧ b

4. 接続表現②
せつぞくひょうげん

① b　② a　③ a　④ a　⑤ b　⑥ a　⑦ a　⑧ b

5. 受身・使役・使役受身
うけみ　しえき　しえきうけみ

① b　② c　③ b　④ a　⑤ c　⑥ a　⑦ b　⑧ b
⑨ a　⑩ a　⑪ a　⑫ a　⑬ a　⑭ b　⑮ a

6. 文末表現
ぶんまつひょうげん

① c　② a　③ c　④ a　⑤ a　⑥ a　⑦ a　⑧ c

7. 敬語①
けいご

① a　② b　③ a　④ b　⑤ a　⑥ b　⑦ b　⑧ b

8. 敬語②
けいご

① a　② a　③ b　④ b　⑤ a　⑥ b　⑦ a　⑧ b

9. 敬語③
けいご

① b　② a　③ b　④ a　⑤ b　⑥ b　⑦ a　⑧ b

10. 敬語④
けいご

① a　② a　③ b　④ b　⑤ a　⑥ a　⑦ a　⑧ b
⑨ b　⑩ b　⑪ a　⑫ b　⑬ a　⑭ b　⑮ b

第1回
だい　かい

問題1 1 3　2 2　3 1　4 2　5 4　6 4　7 2　8 3
もんだい

ことばと表現

□ 一生：死ぬまでずっと。
　いっしょう　し
□ 無事(な) safe ／ vô sự, bình an
　ぶじ

問題2 9 1　10 3　11 1　12 2　13 4　14 3
もんだい

ことばと表現

□ 修正(する) (to) correct ／ chỉnh sửa
　しゅうせい
□ 機器 equipment ／ máy móc
　きき

問題3 15 3　16 2　17 2　18 4　19 3　20 1
もんだい
　　　　21 3　22 4　23 2　24 1　25 3

ことばと表現

□ 用紙：あることのために使われる紙。
　ようし　　　　　　　　　つか　　　かみ
□ 記入(する) to fill in, to fill out ／ điền vào
　きにゅう
□ 登録(する) (to) register ／ đăng kí
　とうろく
□ 免許 license ／ giấy phép, bằng
　めんきょ
□ 退屈(な) boring ／ tẻ nhạt
　たいくつ
□ 相談に乗る：相談を聞いて助言などをする。
　そうだん　の　　そうだん　き　　じょげん

問題4 26 2　27 1　28 4　29 2　30 3
もんだい

ことばと表現

□ 種類 type ／ chủng loại
　しゅるい
□ いっぺんに：一度に、一回で。
　　　　　　いちど　　いっかい
□ ムード：その場の雰囲気。英 mood より。
　　　　　　ば　ふんいき

問題5 31 3　32 1　33 3　34 2　35 4
もんだい

ことばと表現

□ 器用(な) clever; crafty ／ khéo léo
　きよう
□ 振り込む transfer (money) ／ chuyển khoản
　ふ　こ

第2回
だい　かい

問題1 1 4　2 3　3 3　4 2　5 4　6 2　7 1　8 4
もんだい

ことばと表現

□ 改めて：別の時・機会に
　あらた　　べつ　とき　きかい
□ 頭痛 headache ／ đau đầu
　ずつう

問題2 9 1　10 3　11 4　12 1　13 3　14 1
もんだい

ことばと表現

□ 完全(な) complete ／ hoàn hảo
　かんぜん

□ 植物 plant ／ thực vật
　しょくぶつ

問題3 15 4　16 3　17 1　18 2　19 3　20 3
もんだい
　　　　21 4　22 2　23 1　24 2　25 2

ことばと表現

□ 発展(する) (to) expand ／ phát triển
　はってん
□ 発達(する) (to) develop ／ phát triển
　はったつ
□ 行儀 manners ／ cách cư xử
　ぎょうぎ
□ 犯罪 crime ／ tội ác
　はんざい

問題4 26 4　27 1　28 2　29 2　30 1
もんだい

問題5 31 2　32 3　33 4　34 1　35 4
もんだい

ことばと表現

□ いきなり suddenly ／ đột nhiên
□ 検査(する) to inspect ／ kiểm tra
　けんさ

第3回
だい　かい

問題1 1 2　2 4　3 4　4 3　5 1　6 2　7 1　8 2
もんだい

ことばと表現

□ 才能 talent ／ tài năng
　さいのう
□ 保存(する) (to) save ／ bảo tồn, lưu giữ
　ほぞん

問題2 9 3　10 4　11 1　12 2　13 3　14 2
もんだい

問題3 15 2　16 2　17 3　18 1　19 4　20 3
もんだい
　　　　21 4　22 1　23 2　24 3　25 3

ことばと表現

□ 曖昧(な) vague ／ nửa vời
　あいまい
□ 盛ん(な) active; healthy ／ phát triển
　さか
□ あわてる confused; hurried ／ cuống cuống
□ 惜しい regrettable ／ tiếc
　お
□ 怪しい suspicious ／ đáng ngờ
　あや
□ 断る refuse ／ từ chối
　ことわ

問題4 26 3　27 2　28 4　29 1　30 4
もんだい

ことばと表現

□ 珍しい rare ／ hiếm có
　めずら

問題5 31 1　32 3　33 2　34 4　35 3
もんだい

ことばと表現

□ 底 bottom ／ đáy
　そこ
□ ぬるい lukewarm ／ nguội
□ 今にも：今すぐと言っていいくらい。
　いま　　　いま
□ せっかく：苦労して、そのために努力して、
　　　　　　くろう　　　　　　　　どりょく
　そのつもりで。

文法　解答
ぶんぽう　かいとう

第1回
だい　かい

問題1　1 4　2 2　3 3　4 3　5 1　6 2
もんだい　　7 3　8 1　9 2　10 1　11 4　12 3
13 4

ことばと表現

□ **いくら～ても**：どんなに～ても、結果は変わらない。
けっか か

□ **～ようとしない**：～するつもりがない。

□ **そこで**：そのような事情で　※新しい行動を
じじょう　　　あたら　こうどう
起こすときによく使う。
お　　　　　　つか

□ **～って**：～というのは

□ **～とは限らない**：必ず～とは決まっていない。
かぎ　　　　かなら　　　き

問題2　14 2　15 1　16 4　17 3　18 2
もんだい

▶14 急な出張で、あさってからタイに 1 1週間
きゅう しゅっちょう　　　　　　　　しゅうかん
3 行く 2 ことに 4 なった。

▶15 代金の 2 振り込みが 4 完了して 1 から 3 でな
だいきん　　ふ こ　　　　かんりょう
いと 商品はお送りできません。
しょうひん　　おく

▶16 この問題は 2 どうやって 1 解決 すれば 3 い
もんだい　　　　　　　　かいけつ
いか わからない。

▶17 会社の近くまで来たなら、2 連絡 4 して 3 く
かいしゃ　ちか　　　き　　　　れんらく
れれば 1 よかった のに。

▶18 申し訳ないのですが、3 午後から 4 休ませて
もう わけ　　　　　　　　ごご　　　　やす
2 いただけ 1 ない でしょうか。

問題3　19 4　20 2　21 3　22 1　23 2
もんだい

▶19 「東京の電車に慣れていない人」は前の文を
とうきょう でんしゃ な　　　　　ひと　まえ ぶん
言いかえたもの。
い

▶22 「～なる（のではないか）」の「～」には、
「不安になるような状態」が入る。
ふ あん　　　　　じょうたい　はい

第2回
だい　かい

問題1　1 3　2 4　3 2　4 3　5 1　6 1
もんだい　　7 4　8 4　9 4　10 2　11 4　12 3
13 3

▶9 お目にかかる（＝会う）、ご覧になる（＝見る）、
め　　　　　　　あ　　　　らん　　　　　み
お持ちになる（＝持つ）は尊敬語。
も　　　　　　　も　　　　そんけいご

▶12 「私は親に」が省略されている。
わたし おや　　しょうりゃく

ことばと表現

□ **～ないことはない**≒～かもしれない

□ **～てしょうがない**≒～て仕方がない≒～てな
しかた

らない

□ **～（よ）うと思っている**≒～つもりだ
おも

□ **～ば～ほど…**　例言えば言うほどうそに聞こ
い　　い　　　　　　　　き
える。（＝～する程度が強くなると、さらに…）
ていど　つよ

問題2　14 1　15 2　16 2　17 2　18 4

▶14 去年の 2 冬 3 以来 1 風邪 4 を ひいていない。
きょねん　　ふゆ　いらい　かぜ

▶15 高校をきちんと 1 卒業 4 さえ 2 していれば
こうこう　　　　　　そつぎょう
3 大学受験 できたのに。
だいがくじゅけん

▶16 高い 4 から 1 といって 2 必ずしも 3 いいもの
たか　　　　　　　　　　かなら
ではない。

▶17 いくらただ 1 だから 3 といって 2 そんなに
4 もらう ものではない。

▶18 靴下を 3 脱ぎ 1 っぱなし 4 に 2 し ていたら、
くつした　　ぬ
どこに 行ったか、わからなくなってしまった。
い

問題3　19 4　20 4　21 3　22 2　23 1
もんだい

▶23 後にある「～からだ」がヒント。
あと

ことばと表現

□ **というのも**（←というのは）：なぜなら

第3回
だい　かい

問題1　1 1　2 2　3 2　4 1　5 1　6 4
もんだい　　7 2　8 1　9 4　10 2　11 3　12 3
13 4

ことばと表現

□ **～がち**　例最近、彼は忙しくて、返事が遅れ
さいきん　かれ いそが　　　へんじ おく
がちです。（＝～することが多い）
おお

□ **～をはじめ**　例東京をはじめ、さまざまな都
とうきょう　　　　　　　　と
市を訪ねた。（＝～を代表として）
し たず　　　　　だいひょう

問題2　14 3　15 2　16 2　17 1　18 2

▶14 2 家族の 1 ためだと 3 思う 4 からこそ 大変な
か ぞく　　　　　　おも　　　　　　たいへん
仕事を頑張ることができるんです。
しごと がんば

▶15 若いころと 1 違い 4 年を 2 とるに 3 したがっ
わか　　　　　ちが　とし
て 太りやすくなっている。
ふと

▶16 夫に、もっと 3 家事を 4 手伝って 2 ほしい
おっと　　　　　　かじ　　てつだ
1 と 思っています。
おも

▶17 アメリカに3年 2 留学 4 していた 1 から 3 と
ねん　　りゅうがく
いって、英語が上手なわけではない。
えいご じょうず

▶18 今回 3 の 1 引っ越し 2 を 4 きっかけに、新し
こんかい　　ひ こ　　　　　　　　　あたら
いテーブルや棚を買いました。
たな か

問題3　19 2　20 4　21 1　22 4　23 1
もんだい

▶23 「あれから」は「あの時／出来事から」。
とき　で きごと

文字・語彙（げんごちしき　もじ・ごい）　かいとうようし

なまえ
Name

第 1 回

問　題　1

1	①	②	③	④
2	①	②	③	④
3	①	②	③	④
4	①	②	③	④
5	①	②	③	④
6	①	②	③	④
7	①	②	③	④
8	①	②	③	④

問　題　2

9	①	②	③	④
10	①	②	③	④
11	①	②	③	④
12	①	②	③	④
13	①	②	③	④
14	①	②	③	④

問　題　3

15	①	②	③	④
16	①	②	③	④
17	①	②	③	④
18	①	②	③	④
19	①	②	③	④
20	①	②	③	④
21	①	②	③	④
22	①	②	③	④
23	①	②	③	④
24	①	②	③	④
25	①	②	③	④

問　題　4

26	①	②	③	④
27	①	②	③	④
28	①	②	③	④
29	①	②	③	④
30	①	②	③	④

問　題　5

31	①	②	③	④
32	①	②	③	④
33	①	②	③	④
34	①	②	③	④
35	①	②	③	④

第 2 回

問　題　1

1	①	②	③	④
2	①	②	③	④
3	①	②	③	④
4	①	②	③	④
5	①	②	③	④
6	①	②	③	④
7	①	②	③	④
8	①	②	③	④

問　題　2

9	①	②	③	④
10	①	②	③	④
11	①	②	③	④
12	①	②	③	④
13	①	②	③	④
14	①	②	③	④

問　題　3

15	①	②	③	④
16	①	②	③	④
17	①	②	③	④
18	①	②	③	④
19	①	②	③	④
20	①	②	③	④
21	①	②	③	④
22	①	②	③	④
23	①	②	③	④
24	①	②	③	④
25	①	②	③	④

問　題　4

26	①	②	③	④
27	①	②	③	④
28	①	②	③	④
29	①	②	③	④
30	①	②	③	④

問　題　5

31	①	②	③	④
32	①	②	③	④
33	①	②	③	④
34	①	②	③	④
35	①	②	③	④

第 3 回

問　題　1

1	①	②	③	④
2	①	②	③	④
3	①	②	③	④
4	①	②	③	④
5	①	②	③	④
6	①	②	③	④
7	①	②	③	④
8	①	②	③	④

問　題　2

9	①	②	③	④
10	①	②	③	④
11	①	②	③	④
12	①	②	③	④
13	①	②	③	④
14	①	②	③	④

問　題　3

15	①	②	③	④
16	①	②	③	④
17	①	②	③	④
18	①	②	③	④
19	①	②	③	④
20	①	②	③	④
21	①	②	③	④
22	①	②	③	④
23	①	②	③	④
24	①	②	③	④
25	①	②	③	④

問　題　4

26	①	②	③	④
27	①	②	③	④
28	①	②	③	④
29	①	②	③	④
30	①	②	③	④

問　題　5

31	①	②	③	④
32	①	②	③	④
33	①	②	③	④
34	①	②	③	④
35	①	②	③	④

日本語能力試験　N３直前対策ドリル＆模試　文字・語彙・文法　Part 3 模擬試験

文法（言語知識　文法）解答用紙

なまえ Name

第 1 回

問題 1

1	①	②	③	④
2	①	②	③	④
3	①	②	③	④
4	①	②	③	④
5	①	②	③	④
6	①	②	③	④
7	①	②	③	④
8	①	②	③	④
9	①	②	③	④
10	①	②	③	④
11	①	②	③	④
12	①	②	③	④
13	①	②	③	④

問題 2

14	①	②	③	④
15	①	②	③	④
16	①	②	③	④
17	①	②	③	④
18	①	②	③	④

問題 3

19	①	②	③	④
20	①	②	③	④
21	①	②	③	④
22	①	②	③	④
23	①	②	③	④

第 2 回

問題 1

1	①	②	③	④
2	①	②	③	④
3	①	②	③	④
4	①	②	③	④
5	①	②	③	④
6	①	②	③	④
7	①	②	③	④
8	①	②	③	④
9	①	②	③	④
10	①	②	③	④
11	①	②	③	④
12	①	②	③	④
13	①	②	③	④

問題 2

14	①	②	③	④
15	①	②	③	④
16	①	②	③	④
17	①	②	③	④
18	①	②	③	④

問題 3

19	①	②	③	④
20	①	②	③	④
21	①	②	③	④
22	①	②	③	④
23	①	②	③	④

第 3 回

問題 1

1	①	②	③	④
2	①	②	③	④
3	①	②	③	④
4	①	②	③	④
5	①	②	③	④
6	①	②	③	④
7	①	②	③	④
8	①	②	③	④
9	①	②	③	④
10	①	②	③	④
11	①	②	③	④
12	①	②	③	④
13	①	②	③	④

問題 2

14	①	②	③	④
15	①	②	③	④
16	①	②	③	④
17	①	②	③	④
18	①	②	③	④

問題 3

19	①	②	③	④
20	①	②	③	④
21	①	②	③	④
22	①	②	③	④
23	①	②	③	④

日本語能力試験 N3
直前対策
ドリル&模試
文字・語彙・文法

ISBN978-4-86392-389-8